一本看懂！

武士與忍者的作戰圖鑑

監修

小和田哲男、山田雄司

翻譯

童小芳

前言

　　說到戰國時代，即織田信長、豐臣秀吉、德川家康等如繁星般閃耀的戰國武將大放異彩的時代。然而，他們所留下的輝煌功績，並非只靠一人獨力完成的。實際上其中有著大批的「武士」為後盾，他們在戰役中豁出了性命去實行作戰。

　　此外，「忍者」也是戰國時代不容遺忘的存在。他們雖然沒有活躍於戰場上，但主要任務是收集情報、探查敵國的動向，在幕後活躍不已。

　　本書將聚焦於武士與忍者這兩大戰國時代的「幕後功臣」，利用插畫鉅細靡遺地揭開他們的「真實樣貌」與「行為」等。

　　熟知某個特定領域的人即稱為「專家」，只要從頭到尾讀完本書，保證各位也可以成為戰國時代的「專家」。

本書編輯部

戰國知識問答

約500年前的戰國時代,文化與現今截然不同。先來挑戰與戰國時代相關的問答題吧!一起來複習一下基礎知識。

首先是關於戰國時代的問題,以3個選項來出題。

Q.2 難易度 ★★★

戰國時代
從國外傳入的宗教為何?

神呀,
阿門!

Ａ 基督教　Ｂ 伊斯蘭教　Ｃ 佛教

Q.1 難易度 ★★★

為什麼武士
大多會剃頭?

在下並非
相撲力士。

Ａ 因為當時很流行
Ｂ 預防戴頭盔時頭部悶熱
Ｃ 為了掩飾禿頭

Q.3 難易度 ★★★

軍配團扇這種道具
是用於何時?

高舉軍配團扇
即意味著獲勝。

Ａ 於大熱天作為團扇來使用
Ｂ 作為交戰時的信號
Ｃ 於蒼蠅出現時使用

Q.4　難易度 ★★★

步槍是在戰國時代傳入日本。
是從哪個國家傳入的？

步槍又稱為
火繩槍。

Ａ 美國
Ｂ 澳洲
Ｃ 葡萄牙

Q.5　難易度 ★★★

米不僅可食，
還可用來代替○○。
○○為何？

這道題
真簡單。

Ａ 麵包　Ｂ 武器　Ｃ 錢

Q.6　難易度 ★★★

下級武士
在交戰時頭上戴的是？

當作
頭盔使用。

Ａ 大禮帽　Ｂ 三角帽　Ｃ 陣笠

Q.7　難易度 ★★★

戰國時代全日本
大約有幾座城？

Ａ 200座以上　Ｂ 2000座以上
Ｃ 20000座以上

Q.8 難易度 ★★★

戰國時代的人們
1天吃幾餐？

Ａ 2餐　Ｂ 3餐　Ｃ 4餐

Q.9 難易度 ★★★

踢這種球的
運動名稱為何？

Ａ 蹴鞠　Ｂ 棒球　Ｃ 足球

一共會出
14道題目。

Q.10 難易度 ★★★

此乃戰國時代風靡一時的武士愛好。
請問這是什麼活動？

Ａ 坐禪　Ｂ 連歌會　Ｃ 品茗會

真是技藝超群。

Q.11 難易度 ★★★

忍者在逃跑時
撒在地上的道具名稱為何？

Ⓐ 撒菱　Ⓑ 撒菱　Ⓒ 尖刺

這是在下的
看家本領喔。

這是什麼
玩意兒!?

Q.12 難易度 ★★★

印籠是
用來裝什麼的？

在戰國時代之前
都是裝印鑑。

Ⓐ 水
Ⓑ 飯
Ⓒ 藥

Q.13 難易度 ★★★

忍者所用的
這個武器名稱為何？

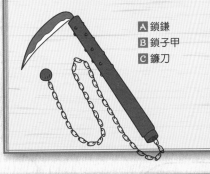

Ⓐ 鎖鎌
Ⓑ 鎖子甲
Ⓒ 鎌刀

Q.14 難易度 ★★★

這個道具的名稱
為何？

Ⓐ 苦無
Ⓑ 無苦
Ⓒ 古無

你會幾題呢？
來核對一下答案吧！

戰國知識問答
解答篇

覺得「這些問答很簡單」的人可謂戰國小博士。快來確認一下答對了幾題吧。

※答對1題即得10分。

Q.1 答案 ▶ B

戴頭盔頭部會悶熱，因此會將前頭到頭頂部位的頭髮剃除或拔掉來預防。

Q.2 答案 ▶ A

1549年基督教傳教士方濟·沙勿略抵達薩摩國。以九州與四國地區為中心開始廣傳基督教。

Q.3 答案 ▶ B

軍配團扇是交戰時武將用來向士兵傳達信號的。和相撲裁判「行司」在比賽進行間拿的東西一樣。

Q.4 答案 ▶ C

步槍是於1543年首度傳入日本。漂流至種子島的葡萄牙人所持有的步槍為其開端。

Q.5 答案 ▶ C

正確答案是用來代替錢。農民會繳納米給領主作為稅金，領主的家臣則是收受米作為薪俸。

Q.6 答案 ▶ C

身份低微的武士又稱為足輕，他們都戴著名為陣笠的簡樸斗笠而非頭盔。斗笠的素材主要是紙或皮革。

Q.7 答案 ▶ C

戰國時代盛行築城作為軍事設施或避難所。據說城的數量逾20000座，建於全日本各地。

 當時1天2餐的飲食習慣是理所當然的。進入江戶時代後才如現代般1天3餐。

 蹴鞠原本是平安時代以貴族為中心流行一時的球類運動。自室町時代起成了武家的愛好而開始頻繁舉辦。

 延續至現代的品茗會（茶の湯）為茶道之原型，成形於戰國時代。無數武士熱愛品茗會，並會收集茶器與茶道用具。

 正確名稱為「撒菱」。在逃跑途中撒一地好讓追兵減速或讓追兵的腳受傷。

 印籠原本是裝印鑑的盒子，到了戰國時代開始作為藥盒來使用，大多數武士都隨身攜帶。

在割草鎌刀上加裝鏈條與秤砣製成的武器。並非忍者專用的武器，武士與農民也常使用。

苦無是用來攀牆或在地面鑿洞的工具。並未像手裏劍般作為擲向敵人的武器來使用。

0～40分	50～90分	100～130分	滿分
菜鳥級	騎馬武者級	重臣級	戰國大名級

很遺憾，你在戰國時代相關知識方面仍是新手。應該要閱讀本書，成為小博士。

你似乎對這個時代多少有些了解，但還差那麼一點。務必多加深見識。

差點就能拿到滿分的你是有一定程度的小博士。做得很好！

恭喜得到滿分！你將來說不定能成為歷史學家。

戰國時代的社會階級

戰國時代的社會階級有別於現代，稍微複雜了點。閱讀本書前先了解各階級的關聯性，則可更樂在其中，因此務必試著詳記！

平時
耕地並將部分莊稼作為年貢繳納給領主。

農民

戰時
以農兵或足輕身分參戰，或是作為小荷馱隊來搬運貨物。

主從關係

戰時
集結農民後，至領主的所在處集合。有侍大將與足輕大將等，相當於隊伍的領袖。

地侍

平時
與農民一起耕地。此外，有些人是向領主領取部分稅收過活。

平時

在戰國大名發派的土地
上生活。住處則是替戰
國大名暫管的城堡。

平時

以統率各地領主的大
領主之姿，推動國內
政治。

戰國大名

主從關係

戰時

以總大將的身分在戰爭
中負責指揮。如果無法
參戰，有時會將指揮託
付給領主。

領主

主從關係

戰時　指揮地侍、農兵與小荷馱隊到戰國大名的所在
　　　處集合。領主亦稱為戰國武將。

戰國大名是地位比領主還要偉大的武士

戰國大名在這個時代位處社會階級的頂端，會與領主締結主從關係，透過
發派土地來換取領主參加自家軍隊的戰役。另一方面，和領主締結主從關
係的則是地侍與農民這些人們。地侍大多為有權有勢的農民，也是負責整
合眾多農民的角色。

目錄

戰後處理

武具之卷　武士身上穿戴的武器或護具

武具

護具

其他裝備

忍者之卷　在背地裡支援戰國武將的諸多忍者

忍者守則

戰 之卷

從戰役揭幕到落幕

戰役是如何開始又是如何結束的呢？本章節會逐一解說出征前、行軍中及戰後的善後工作這些戰役的流程。

開戰不久前，
鐘或太鼓會隆隆作響

主題　開戰順序

「評定」為大名與諸多重臣商議軍事的場合。只要在此決定要開戰，幾位武將便會在自己的陣地敲響鐘或太鼓來召集士兵。

何謂「評定」？

戰國時代的幹部會議。平時也會每月召開3次左右。

戰國大名

雖然是採取多數決的形式，但下達最終決定的當然還是身為首領的大名自己。

地圖

只要了解戰場的地理，便能讓戰役往有利的方向推進。也有助於設定行軍與敗退時的路線。

圍陣

多位重臣會以戰國大名為中心，圍繞其四周而坐。

❶ 透過評定來決定是否開戰

竟是透過商議來決定的，很意外吧？

　　開戰之前，戰國大名會召集多位重臣來開評定會議，即所謂的幹部會議。如果評定的結果是免不了一戰，才會開始進入動員計畫與行軍路線之評估、交戰時的基本戰術等具體的作戰計畫。**勝算較低的時候，也會透過評定來商討和談或投降事宜之安排。**

主要是使用鐘或太鼓。一旦這類聲音響徹國內，無論是否願意，交戰機率都很高。

陣鐘

下達陣觸時，會快速且激烈地敲打。

即將
開戰囉～

口頭

有時會直接口頭傳達而非借助樂器傳達。

② 陣觸是指通知領地的士兵與農民開戰

當大名宣告開戰的決定後，身為部下的武將們便會回到自己的據點召集士兵，這就稱為陣觸（動員令）。此時會運用**鐘或太鼓、海螺這類音響效果絕佳的樂器**。陣觸本身亦可視為宣告戰事揭幕的信號。

動員

接到陣觸後，地侍與農民們都會集結至領主的所在處。

開戰順序的三條準則

* 其一　由大名與重臣透過評定來決定是否開戰。

* 其二　決定開戰後，各武將應回到領地下達陣觸。

* 其三　下達陣觸時不妨積極活用音響效果絕佳的樂器。

出征前會透過食物名稱的諧音討個好兆頭

| 主題 | 吉凶之兆 | 時運左右勝敗。為了多少吸引這種運氣，戰國時代的武將們都會在出征前舉行各式各樣討吉利的儀式。 |

吉凶之兆

時至今日，祈求勝利的討吉利儀式中，
有些被認為並無科學根據。

鳥

鳥若從敵方所在位置往自己
陣營的方向飛來即為凶兆。
反之則視為吉兆。

狗

出征之前，如果狗從左往
右橫穿而過即為凶兆，由
右往左跑過則視為吉兆。

① 從身邊發生的事來占卜自己的武運

這是個戰敗便意味
著死亡的時代。當然
要討個好兆頭呀！

　　即便做好了交戰的準備，當時的武將們也不會立即行動。**按照慣例他們會先舉行祈求勝仗的儀式**。此外還會進行充滿迷信色彩的討吉利活動。以現代人的角度來看，盡是一些毫無科學根據的作為，但畢竟馬上就要趕赴搏命的戰場了，儘管很微渺，仍需要一點心靈上的寄託。

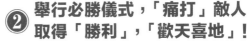

② 舉行必勝儀式，「痛打」敵人取得「勝利」，「歡天喜地」！

這樣就等同於勝仗啦！

武將會在出征日宣誓必勝，並舉行「三獻儀式」。擺於小飯桌上的食材有3種，分別為打鮑魚（切成細長條的鮑魚乾）、勝栗（乾燥的栗子果實）與昆布。吃下這些代表吉利的食物，意指「痛打」敵人取得「勝利」之後「歡天喜地（※）」。酒杯有大中小之分，分別各飲酒3次一共9次，藉此討個好兆頭。

※昆布的日文發音為konbu，與歡喜的「喜ぶ（yorokobu）」發音相近。

三獻儀式

自室町時代起武家代代相傳的禮法之一，又稱為三三九度。

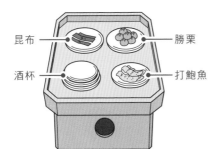

昆布 — 勝栗
酒杯 — 打鮑魚

禁忌

出征前也有些事是禁止的。與女性有肌膚之親也是禁忌。

討吉利的三條準則

※ 其一　出征前期盼必勝並舉行儀式是武家的習慣。

※ 其二　討吉利或祈求神明保佑絕非可恥之事。

※ 其三　於小飯桌上擺放吉祥食物的三獻儀式為武家禮法的基本。

知識度 ★ ★ ★ ★ ★

戰役中不可少了協助戰國大名指揮戰略的軍師

主題	軍師	軍師通常都給人一種策略家的印象，不過其源頭為陰陽道（※）。因此連祈禱與占卜都是他們的重要任務。

由軍師舉行的儀式

具備陰陽師性質的軍師會在陣營中主持占卜或祈禱等儀式。

最早的軍師吉備真備是奈良時代的人呢。

該選擇哪一張好呢。

① 軍師的性質與職務在戰國時代有所轉變

據說吉備真備是日本史上最早的軍師。他還被視為陰陽道之祖，後世的軍師形象也繼承了這個面向。結果到了戰國時代，開始要求軍師承擔更多的職務，**不僅要主持儀式，還開始身兼戰略家的身分。**

抽籤

透過抽籤來占卜出征的日期、時間與方位。

※ 自中國傳入的學問。

② 軍師曾是如陰陽師或巫師般的存在

　　軍師的初期定位為陰陽師或巫師，在交戰前占卜吉凶並祈求必勝亦為其職責所在。除了操持其他各式各樣的出征儀式之外，**還會傳授戰勝時確認敵方頭顱的首級檢驗做法，以及戰勝時的吶喊方式**。有時甚至還會擬定戰術。

上帶

斷上帶

切斷鎧甲的上帶。意指「不脫下鎧甲」，是一種宣示赴死意志的儀式。

占卜吉凶

深諳陰陽道的軍師會針對日期、時間與方位分別占卜出吉凶。

祈禱戰勝

向軍神祈求勝利。據說曾有軍師如巫師般要求活祭品⋯⋯。

我軍佔有地利之便。

這場勝負可能會贏呢。

規劃戰術

根據兵法向主君提出具體戰術等適當的建言。

軍師的三條準則

* 其一　軍師源自於陰陽道，因此包辦軍中的所有儀式。
* 其二　占卜吉凶來決定開戰的日期、時間與方位亦為軍師之職務。
* 其三　向主君獻策、擬定戰術，引導戰事旗開得勝。

在軍隊移動中，總大將會待在最安全的隊伍中心處

主題	部隊編制	依各種武器種類編制而成的部隊即為「備」。一支軍隊是由多支備所組成，在行軍中也會依預設好的布陣來編列隊伍。

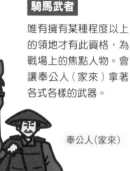

上戰場吧！

騎馬武者

奉公人（家來）

奉公人（家來）

騎馬武者

唯有擁有某種程度以上的領地才有此資格，為戰場上的焦點人物。會讓奉公人（家來）拿著各式各樣的武器。

① 將精銳安排在前軍與敵人交鋒

前軍若是遭突破可就危險了！

　　戰國大名的軍隊在行軍時，會依行進方向分為前軍、中軍與後軍三大隊。有先手（先鋒）之稱的前軍遇上敵軍的機率比較高，因此會配置大量的精銳。中軍相當於本隊，**總大將也會在直屬部下們的保護下待在此隊。**後軍則是在前軍與中軍處於戰鬥狀態時作為預備軍，一般以防範後方為主要任務。

② 相當於部隊的「備」為軍隊的最小單位

前軍、中軍與後軍分別由相當於部隊的「備」所構成。備亦為軍隊裡可獨立行動的最小作戰單位，是依武器的種類編制而成，有弓箭、步槍、長槍的各種足輕隊、騎馬武者隊、小荷駄隊等。**軍隊愈龐大則備的數量也愈多**。

長槍組

在戰國初期曾是軍隊核心的主力部隊。自從步槍普及以後，便開始改為指派護衛任務等。

步槍組

於戰事剛開打時進行射擊戰，宣告戰役揭幕。到了戰國時代後期增加了數量，成為軍隊的主力。

戰國軍隊的主要結構

← **行進方向** →

| 前軍（先手） | 中軍 | 後軍 |

備　前軍的大將　備　　備　備　**總大將**　馬迴　備　　備　後軍的大將　備

戰國時代的軍隊分為前軍、中軍與後軍。各支軍隊皆分別由相當於部隊的無數支「備」所組成。而這些備又是步槍組、弓箭組、長槍組、騎馬隊與小荷駄隊（運送軍糧或彈藥的人馬）之集合體。

部隊編制的三條準則

✳ 其一　　大名的軍隊是分成前軍、中軍與後軍來行軍。

✳ 其二　　軍隊的最小單位「備」是依武器種類編制而成。

✳ 其三　　每一支「備」在行軍中會依預想的戰況來編列隊伍。

軍隊中有專門只運送貨物的搬運部隊

主題	小荷馱隊	小荷馱隊負責運送軍糧或武器等維持軍隊的必備品。雖然不是戰鬥人員，卻是掌握軍隊生命線的重要角色。

小荷馱隊的編制

小荷馱隊的戰鬥力低且速度慢，很容易成為攻擊目標。

希望不會被敵人襲擊……

小荷馱奉行
率領小荷馱隊的武士。騎著馬帶路，負責護衛與監視的角色。

搬運的馬
每匹馬運送2～4包米袋。

陣夫
負責運送物資的人們。屬於非戰鬥人員。

慢慢悠悠、慢條斯理……

① **沒有軍糧或武器，大軍無以為繼**

肚子空空打不了仗，此話不假。

　　在戰國時代，遠征日益增加，且交戰期間有拉長的趨勢。兵力自不待言，餵飽這些士兵的糧食與用以持續戰事的武器彈藥之補給愈來愈重要，「小荷馱隊」便是為此而設置的專門部隊，**通常會於行軍中跟在軍隊最後方**。小荷馱隊是由小荷馱奉行從農村集結來的非戰鬥人員所組成。

② 戰力薄弱的小荷馱隊對敵方而言是最大的目標

不僅限於軍糧，連武器與彈藥等消耗品都是由小荷馱隊負責搬運。此外，據說貨物中還含括了營造陣地所需的土木作業專用工具。**小荷馱隊的重要性高，戰鬥力卻相對低落，因此也是軍隊的弱點所在，敵方也大多鎖定其為攻擊目標。**

搬運物品 為了支撐長期的遠征與戰役，小荷馱隊會運送各式各樣的物品。

武具
上級武士不會自己搬運武器，而是交由小荷馱隊來運送。

米袋
除了作為主食的米外，也會搬運味噌與鹽等。

曾利用馬以外的動物運送？ 以馬來搬運為主流，不過也會因應狀況採用其他的搬運方式。

哞~

牛
有時也會利用牛來搬運。缺點是移動速度比馬還要慢。

載貨車
戰國時代基本上道路顛簸難行。一般認為是從江戶時代才開始運用載貨車。

小荷馱隊的三條準則

❋ 其一　僅靠士兵打不了勝仗，物資運送才是勝敗的關鍵。

❋ 其二　軍糧、武器彈藥與各種道具的搬運皆由小荷馱隊包辦。

❋ 其三　皆為非戰鬥人員，因此最好時刻留意敵人的襲擊。

戰役開打不久前，雙方的弓箭手會射出一射便發出聲音的鏑矢

| 主題 | 作戰順序 | 戰國時代的戰爭並非突然開始的。直到雙方交鋒而陷入混戰狀態之前，都是依照一定的順序推進。 |

2 箭矢交鋒

以鏑矢（※）為信號，戰事就此拉開序幕。弓箭手弓箭齊發的「箭矢交鋒」讓雙方都箭如雨下。

1 進攻

與敵方對陣後，讓己方軍隊前進至敵陣附近。敵方也會回應此舉縮短雙方的間距。

預備！

射！

戰國時代連作戰都有一套規矩。

① 以箭矢交鋒作為信號戰事就此揭幕

　　兩軍布陣完畢後，戰役便會隨著「齊聲吶喊（日文為「鬨の声」，為了提高士氣眾人同時喊叫的聲音）」揭開序幕。一開始進行的是「箭矢交鋒」。以發出聲音飛射出去的鏑矢為信號，弓箭隊同時射箭，便會有大量箭矢落到雙方陣地。**自從步槍廣為普及後，有些時候會改以步槍交鋒來取代箭矢。**

※指一發射就會發出聲音的箭。

② 騎馬隊衝進由長槍隊所引發的混亂之中！

箭矢交鋒結束後，局面為之一變，開始進入近身戰。一開始是長槍士兵彼此互打互刺。**當敵陣出現混亂後，便輪到騎馬士兵出場了。** 在混戰之中，倘若戰況對己方較為不利而不得不撤退的話，便要展開戰役中最艱難的一關——同時抵禦追擊的撤退戰。

3 長槍互刺

由長槍隊士兵在軍隊前方展開壯烈的互打。一旦敵陣出現混亂，便趁勢挺進！

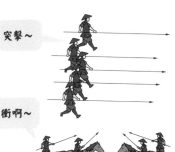

突擊～

衝啊～

衝啊～

4 騎馬隊衝陣

待長槍隊讓敵陣露出破綻後，騎馬隊便活用與生俱來的機動力衝入敵陣。讓敵陣更加分崩離析。

衝啊～

衝啊～

5 激烈交戰

彼此破壞對手的布陣，便自然而然陷入混戰狀態。戰役會一直持續到其中一方撤退，或是某方的總大將被殺為止。

> **戰役小檔案**
>
> **撤退不等於戰敗！**
>
> 織田信長曾參加與朝倉氏對戰的「金崎之戰」，但察覺妹夫背叛而下定決心撤退。上演了完美的撤退戰，成功保存了兵力。

交戰順序的三條準則

* 其一　雙方對陣結束後，便依循既定順序開戰。
* 其二　待長槍隊破壞了敵陣，再派騎馬隊從該處進攻！
* 其三　若認清敗局已定，不妨在無可挽回之前先撤退。

大將高喊「欸咿欸咿」，
士兵回以「喔！」後即展開攻擊

主題 | 提高士氣 | 宏亮的聲音除了能提高戰鬥意志外，還有震懾敵方的效果。效果最佳的便是齊聲吶喊。有時也會運用太鼓等樂器。

齊聲吶喊　藉著大批人馬高聲叫喊來提高士氣的方式。

欸咿欸咿

喔！

「衝啊」

策馬奔馳時藉由叫喊來增加氣勢。

「欸咿欸咿」

有詢問「準備好了嗎？」的含意。用於你死我活的搏命戰場上，意在確認己方的戰鬥意志。

「欸咿欸咿」「喔！」

面對大將「準備好了嗎？」的詢問，士兵會鬥志十足地回應一句「喔！」。

① **大家齊聲吶喊**
為內心增添氣勢

高聲吶喊
便會有力量
湧現呢。

　　開戰時，大將會高聲吶喊「欸咿欸咿」，旗下的士兵們則齊聲回應「喔！」。此即齊聲吶喊。以日文發音來看，「欸咿（ei）」音同「銳」（另有一說是「曳」等），而「喔（ou）」則為「應」之意。戰勝時也會這樣發出勝利的吶喊。可說是在大批人馬面對面的戰場上特有的鼓舞士氣法。

② 根據戰況改變太鼓的打法

為了提高戰鬥中士兵的士氣，很多時候也會運用太鼓或是海螺這類樂器。可以連續敲打又易於變化拍子的太鼓尤其有用，採取攻勢時（懸鼓、壓鼓）或混戰正酣時（急鼓）等，鳴鼓方式會因應狀況而有所不同。

揹式太鼓

用於振奮士氣，或是指揮軍隊進退等各種聯繫時使用。

海螺

大將等用來發號施令。吹奏海螺者的職稱名為「貝役」。

陣中太鼓

較大型的太鼓會由多人扛著。

戰役小檔案

吉利支丹的齊聲吶喊

在島原之亂中，吉利支丹（指稱基督教教徒）曾經齊聲吶喊著「聖地牙哥（Santiago）」。這在西班牙意指聖雅各，亦為伊比利半島的地名。據說過去在該地與異教徒發生糾紛時，西班牙人也曾發出這樣的吶喊。

提高士氣的三條準則

* 其一　從「欸咿欸咿」、「喔」的齊聲吶喊揭開戰役序幕。

* 其二　如果想提振士氣，就要大家一起齊聲大喊。

* 其三　不光靠人聲，不妨也利用太鼓或海螺等樂器。

為了分辨信號，作戰中會使用訴諸眼力或耳力的道具

主題	命令與信號	在廣大的戰場上，大將會運用道具，透過視覺或聽覺來向戰鬥中的士兵傳達命令或信號。

指揮信號道具

近距離的信號以視覺為主，遠距離的信號則採用依靠聽覺的方法。在某些情況下，遠距離也會使用狼煙，藉由視覺來傳達。

指揮信號道具是為了讓士兵能移動自如。

軍扇

大將用來指揮的扇子。從鎌倉時代開始使用。

① 華麗的設計是為了在戰場上更醒目

軍配亦可說是戰國武將獨有的標記，**原本是用以占卜吉凶之物**。采配則是手把末端垂著紙片或獸毛等，也作為指揮道具來使用。軍扇偏好較艷麗的設計以便引人注目，會在紅色底上**描繪金箔的太陽或松木**。

軍配（軍配團扇）

為指揮道具，同時也用來當防身盾牌，抵擋箭或步槍子彈的攻擊。

采配

其原型為神社所用的御幣（※）。用來揮舞向同伴傳遞信號。

※日本神道教將獻神的紙條或布條掛在直棍上所製成的幣束。

鏗鏗

陣鐘

聲音的長短、次數等敲打方式也會因應想傳達的內容而變化。

陣太鼓

也會用於鼓舞士氣。較大型的陣太鼓則會利用拖車來搬運。

② 使用各種道具 依靠眼力或聽力

如果所處的位置不夠近，士兵很難察覺指揮道具所發送的信號。此外，在混戰時也沒有餘裕看一眼。**因此採取了利用樂器、依靠聽覺的方法，即使身處遠方也能了解信號，或在混戰時仍可留意到。**有時還會運用從遠方也看得到的狼煙或軍旗。

狼煙

藉由改變煙的顏色或量來傳達不同的內容。

軍旗

偏好從遠處也能一目了然的設計。

海螺

為戰場上自古使用至今的指揮道具。從平安時代末期開始使用。

命令與信號的三條準則

✳ 其一　若要在戰鬥中傳達命令，會使用依靠視覺或聽覺的指揮道具。

✳ 其二　視覺上的道具會選擇較華麗的設計以便引人注目。

✳ 其三　聽覺上的道具也會在聲音的長短或次數等做變化。

在戰役中持續互相乾瞪眼時，會口出惡言挑釁對手

主題	挑釁	有時布陣完畢後，對方仍是按兵不動而持續長時間的膠著狀態。為了打破這樣的狀況，會進行各式各樣的挑釁。

挑釁行為的種類

為了讓按兵不動的敵方行動，盡可能做些刺激對方神經的事情。

放火

在城鎮、村子或田地放火燒個精光。燒毀田地也意味著減少敵方的糧食。

① **透過挑釁來動搖對手逼其上戰場**

這種做法很無情，但效果極大！

　　在敵區的布陣，時間拉得愈長愈會白白消耗軍糧與物資。因此有時守方會看準這點而故意大門緊閉不出戰。這種時候進攻方所使用的戰術便是挑釁。為了強逼按兵不動的敵方上戰場，他們會採取相當激烈且毫不留情的方法。**放火燒住家或田地也是其中一種做法**。

口出惡言

朝著敵陣以侮辱或謾罵的字眼叫囂。有時會彼此互罵而演變成你來我往的謾罵戰。

② 會進行掠奪 甚至是口出惡言

不燒光田地，而是收割米稻（收割綠田），把即將要收成的稻米或小麥全數收割，這也是代表性的挑釁行為。此外，**還會掠奪女性、孩童或領民的家產等，進行各種暴行**。扔石頭或口出惡言也意外地有效。只要有部分士兵受到挑釁，便正中下懷。

收割米稻

收割敵區農作物的行為。離收成期愈近則對對方造成的損害愈大。

掠奪

除了強闖民宅盜取家產或糧食外，還會帶走女性與孩童。

挑釁的三條準則

* 其一　利用挑釁強逼無意戰鬥的對手上戰場。
* 其二　透過焚燒田地並奪取農作物來減少敵方的軍糧。
* 其三　以刺激對方神經這層意義來說，惡言相向也是有效的。

攻城時不全憑人力攻打！
還會借助火或水的力量

主題	攻城戰	面對選擇固守城池的敵人，必須發動攻擊，展開攻城戰。戰役拉得愈長對進攻方愈不利，因此構思出各式各樣的攻略法。

人力攻打

兵力壓倒性勝過敵方時，便憑藉龐大的人力攻陷城池，為正攻法的戰術。

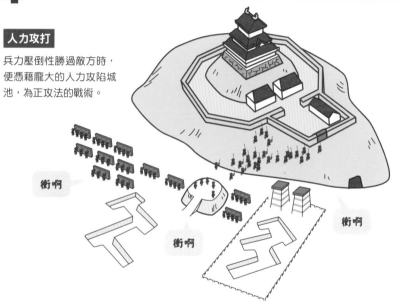

衝啊

衝啊

衝啊

① 如果不能以人力攻打便利用計策攻陷城池

只要兵力懸殊，
人力攻打就
很簡單。

　　攻城戰對守城方有利。想要成功以人力攻打必須有壓倒性的兵力。如果難以集結這麼多兵力，便只能以策略加以攻破。最一般的做法便是進行**火攻。利用點燃的箭焚燒城內的設施或物資，目的在於使其人力為了滅火而分散**。正因為是頗具成效的方法，所以固守城池的一方大多早已採取防火對策。

火攻

不光焚城，還會燒掉糧食、物資、橋等設施，讓敵人不堪其擾。

② 有時會挖掘隧道 侵入城內

　　如果位處低窪之地且附近有河川，便可有效利用「水攻」。讓城內淹水有挫敗城兵士氣的效果。**在沒有水源的地方，也曾經嘗試過「鼴鼠遁地攻法」，企圖挖掘隧道來侵入城內。**斷絕軍糧的「軍糧攻法」則不需要大規模的事前準備，效果卻相當卓著。

水攻

堵住流淌於四周的河川，讓整座城淹水。泡在水裡也會讓步槍與火藥都成為無用之物。

水井

洩掉井裡的水吧。

鼴鼠遁地攻法

又稱為穴地攻城。挖掘隧道侵入城內，出其不意攻擊對手，或是洩掉井裡的水。

攻城戰的三條準則

✳ 其一　　人數佔上風時，亦可選擇以人力攻打。

✳ 其二　　如果以人力攻打不易，則利用計策攻陷城池。

✳ 其三　　有火攻、水攻與鼴鼠遁地攻法。攻城戰得靠各種工夫！

作為國境線的河川容易被選為戰場

主題	戰場	指雙方大軍交鋒的空地等開闊之地，或是容易奇襲成功的坳口或谷間。也會因應戰場的地形改變戰術。

谷間

所謂的谷間是指夾在山脊間的細長地形。大軍無法在此布陣，隊伍較為鬆散，因此可利用少量的兵力進行奇襲。

1 坳口

為交通要衝，因此容易被選為行軍路徑。只要埋伏並從高處攻擊便能佔優勢。

3 河川

流經國境的河川沿岸大多為廣大的土地，雙方的大軍容易在此交鋒。

① 日本史上赫赫有名的戰役有何共通文字？

在開闊的地方比較容易調動大軍。

　　日本史上遠近馳名的戰役很多都會以作為舞台的地名來命名。較引人注目的是，這些地名都有「野」、「原」、「川」這類文字。自古以來許多地名都會顯示出土地的特徵。換言之，**戰役大多是在原野、河灘等開闊之地展開**。比方說關原之戰、姊川之戰、手取川之戰等。

4 山區

戰鬥本身就有困難，因此雙方大軍並不會在此對峙。如果有城堡，便會演變成爭奪戰或消耗戰。

② 容易選作戰場的河川與很少發生戰役的山區

渡河的行為會讓士兵暴露在危險之中。換言之河川即為天然的屏障，所以很容易成為國境。也因此很多時候會被選作戰場。**山區不適合進行正規的戰鬥，很難成為決戰之地。歷史上很少有戰役名稱裡有個「山」字便是這個緣故。**

5 平原

寬闊的土地容易被選作雙方大軍交鋒的關鍵決戰地。

6 城堡

在攻城戰中，守城方大多閉門不出、嚴守到底，因此對攻城方較為不利。

戰場的三條準則

* 其一　選擇河灘、原野這類廣闊之地作為關鍵決戰地。
* 其二　坳口或谷間適合奇襲；守方在攻城戰中較為有利。
* 其三　河川大多會成為國境，因此很容易爆發戰役。

知識度 ★★★★★

在海戰中登上對方船隻
將敵人推落海中！

主題	海戰	海戰有別於一般的戰鬥，會運用特殊的道具。此外，水軍眾所操縱的軍船也有好幾種類型。

水軍眾（原為海賊的傭兵們）助了大名一臂之力。

水軍

戰國時代都稱為海賊眾，一直到江戶時代才有水軍這個稱號。有些部隊被編制為直屬家臣的軍隊，有些則是以傭兵形式編組而成。

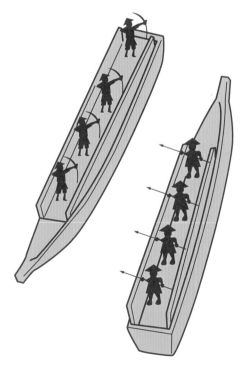

① 海賊出身的水軍眾 乃海戰專家

原本稱為「海賊眾」的「水軍眾」在過去是海戰的主角。**他們平常會向往來的船隻收取通行費，或是受雇為大名的護衛等，戰爭時期則以傭兵集團的身分參戰**。在海戰中所用的武器，有拉近敵船的鐵耙、用來放火的火箭等，別具特色的用具不計其數。

② 隨著戰國時代的推進，軍船也逐漸巨大化

　　海戰也是從互相放箭的箭矢交鋒揭開序幕。接著當雙方彼此靠近，便會利用鐵耙拉近敵船，演變成以船上為舞台的近距離武器混戰。戰國初期在海戰所使用的船以小型的「小早」為主力。**到了中期以後，有著箭樓的中型「關船」，以及有著天守的巨大「安宅船」也登場了。**

小早

能靈活轉彎、全長10m的小型船。從戰國初期開始用於游擊戰。

天守

安宅船

全長20～50m。具備防禦力與耐久力的大型船，是兼具箭樓與天守的海上要塞。

箭樓

關船

全長20～25m的中形船。也具備瞭望用的箭樓，速度、攻擊與防禦達到絕佳平衡。

在海上的戰鬥方式

①朝敵船射出火箭。

去死！

②彼此進入敵船展開近距離武器混戰。

海戰的三條準則

- ＊ 其一　海戰就交給從海賊進化而來的水軍眾。
- ＊ 其二　射出火箭讓敵船陷入混亂。
- ＊ 其三　靈活運用各種軍船，讓海戰戰況更有利。

如果是沒有勝算的戰役，則於夜深人靜的深夜或早晨發動攻擊

| 主題 | 奇襲攻擊 | 殺敵方個措手不及可以讓戰局轉為對己方有利。奇襲攻擊是處於不利狀況時起死回生的手段！ |

利用奇襲
扭轉敗局！

敵人就在
本能寺！

嗄嗄嗄……

本能寺之變

統一天下在即的織田信長因為明智光秀謀反而喪命的事件。本能寺之變是趁人熟睡時奇擊的成功案例。

① 讓敵人完全掉以輕心，再出其不意趁虛而入！

　　面對敵人時若處於劣勢的情況下，直接正面迎戰只能說是無謀之舉。這種時候，**透過奇襲攻擊試著解開困局也是一種方式**。這種戰術必須要出乎對手意料之外、趁虛而入，關鍵在於絕對不能讓敵人察覺，並盡可能讓敵人輕忽大意。

② 意料外的時間與地點為奇襲之關鍵

　　「夜襲或晨襲」與「背面或側面攻擊」都是奇襲戰術的典型模式。夜間戰鬥有自己人互打之虞，因此一般都會予以避免。夜襲之所以有效，便是因為與這種觀念反其道而行。**背面攻擊則是當敵人背向著懸崖等天然要塞而疏忽時，趁機突襲的一種戰術**。

背面或側面攻擊

這個戰法是從預料外的方向攻擊，讓對方亂了陣腳。

源義經策馬奔下鵯越的斷崖絕壁，突然從背後襲擊平家陣地——此即一之谷之戰，為鎌倉時代的著名事蹟。

敵人從後方來襲啦～

衝啊　衝啊

一大清早就……

夜襲或晨襲

趁天色昏暗時悄悄調兵，天一亮便開戰的戰法。

那個時代只有月光，所以會避開夜間行動。刻意鎖定敵人鬆懈的黎明時分。

奇襲攻擊的三條準則

＊ 其一　　若想一口氣挽回頹勢，不妨考慮奇襲攻擊。

＊ 其二　　奇襲的關鍵在於趁對手大意時襲擊，出其不意。

＊ 其三　　夜襲或晨襲、背面或側面攻擊皆為奇襲的成功模式。

知識度 ★ ★ ★ ★ ★

為了在戰役中取勝，會擺出看似強大的陣仗讓敵人畏縮不前

| 主題 | 奇策 | 戰術中有一種偶爾會得到巨大成效，但與正攻法相差甚遠而與眾不同的方法。即所謂的奇策。 |

噠噠噠……

斷鹽

鹽是生存的必要營養素。在無法攝取鹽分的山區，一旦運輸路線遭堵，便成了生死攸關的問題。

哇，對方人多勢眾呀！

鹽　沒鹽了～　鹽

虛張聲勢之計

此戰術是集結農民與村民，來展現己方大軍有多麼聲勢浩大。

① 不交戰而是善用計策 逼得強敵走投無路

竟賑鹽予敵，不愧是戰國的英雄！

「斷鹽」是今川氏與北條氏聯手執行的計策。與這兩者為敵對關係的武田信玄的領地屬於內陸，無法取得鹽，全都仰賴貿易，信玄因為這個計策而陷入絕境。此時向信玄伸出援手的是對手上杉謙信。這便是「賑鹽予敵」的軼事。此外，**還有項計策是安排表面上看起來龐大的兵力，使人產生大軍壓境的錯覺，即為「虛張聲勢之計」**。

② 讓敵人落入陷阱

「釣野伏」是一種有效運用伏兵的奇策，為九州戰國大名島津義久的拿手好戲。進入交戰狀態後便看準時機佯裝敗退。引誘敵人進入伏兵所在之處再團團包圍。除了伏兵的攻擊外，連誘餌部隊也一起發動反擊。**是讓攻守瞬間交換的一種戰法。**

釣野伏

此戰法是利用誘餌部隊與伏兵，埋伏等著自以為佔了優勢的敵軍。

誘餌部隊

以少數兵力佯裝戰敗，引誘得意忘形的敵軍出擊。

敵軍

未察覺是陷阱而繼續衝鋒！

伏兵

配置兵力包圍追擊而來的敵軍。

還有負責發動追擊的本隊埋伏，等在伏兵後方。

奇策的三條準則

* 其一　　致勝捷徑不限於正攻法。偶爾要採取奇策！

* 其二　　只要善用計策，也能讓靠武力贏不了的對手吃盡苦頭。

* 其三　　利用誘餌部隊與伏兵的「釣野伏」是效果頗佳的戰術。

菜色質樸，但只要加入軍隊便能吃到足以果腹的米飯

主題	軍中飲食	從出征起3日內，足輕們會自備糧食。換言之，大名是從行軍第4天起開始發配食物。

以保存期限長且有飽足感的食物居多。

飯糰

不僅限於紅米或是紫米，也會提供白米。不過沒有提供配料。

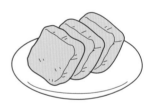

珍饌

配給取自當地的食材。有獸肉、鳥與野菜等，種類豐富多樣。

參戰時必須準備隨身糧食或乾糧

　　足輕在行軍當中每天會拿到5合（大約0.9公升）的發配米。**這個配給到了交戰之時會增加1倍，即變成1升（10合）。**一般會發配味噌或鹽作為調味，除了配給品之外，另外還有個人帶去的軍糧，比如以米乾燥而成的乾米飯、酸梅等。

軍糧丸

以米、蕎麥粉與黃豆粉等，將多種穀物的粉混合製成的乾糧。

無論如何都別忘了攜帶隨身糧食！

軍糧袋

斜掛的袋串即為軍糧袋。
主要是裝米。

乾米飯

將蒸好的米洗至無黏性後再日曬乾燥而成。直接啃咬或是以熱水泡開。

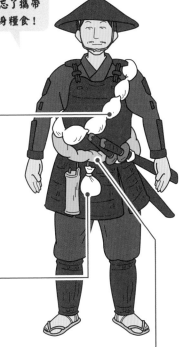

打飼袋

以木棉布製成的袋狀物，
在裡面裝糧食。

酸梅

不僅可食用，還會作為消毒藥來使用。

乾味噌

經過乾燥的味噌。有些會製成片狀或搓成圓狀。

芋莖繩

以味噌燉煮芋頭的莖部，乾燥之後再編成繩狀。

軍中飲食的三條準則

* 其一　　行軍前3天皆食用自備的隨身糧食等。

* 其二　　到了行軍第4天才有供應軍糧。

* 其三　　行軍中或戰局正酣時也便於取用的隨身糧食或乾糧。

飲用水比食物還要難調度

主題　飲用水　｜　與糧食補給同等重要的便是水分補給。有別於一扭開水龍頭就有水的現代，戰國時代要確保水源並非易事。

水筒

參戰的足輕會各自準備竹製的水筒。

出發前務必檢查是否有帶水筒！

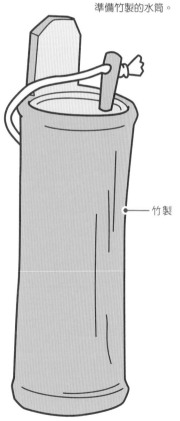

竹製

① 偶爾會啜飲泥水，甚至啃食植物

　　即便想飲用川水，仍有敵方會從上游投放穢物或毒物之虞。除了自備的水之外，皆須以火煮沸製成飲用水。在無法煮沸的情況下，有時也會採取緊急手段來解渴，例如以布過濾泥水後飲用上層澄清的水，或是啃食植物吸取水分。

② 雨水較能安全飲用

　　川水或井水都有可能遭敵方投毒。這種時候**比較能夠安全飲用的水便是雨水**。當時不像現代有空氣汙染的疑慮，大可放心飲用。無法取得用水時，也會看著酸梅分泌唾液來止渴。

盯著看～

好像很酸。

望梅止渴

利用條件反射的終極手段。藉著分泌唾液來解渴。

啃食植物

啃食周邊生長的野生植物來滋潤喉嚨的乾渴。

利用布過濾泥水

連泥水都是珍貴的水分。利用布來過濾以免吃壞肚子。

戰役小檔案

亦可以水果取代水

水在戰國時代無比珍貴。許多城堡裡都栽種了果樹，水果可以作為水的替代品來補充水分。據說奪得天下的德川家康也曾在其居城駿府城裡種植橘子樹。

飲用水的三條準則

＊ 其一　參戰時別忘了攜帶用來補充水分的水筒。

＊ 其二　河川的水很危險。務必煮沸後再飲用。

＊ 其三　不妨過濾泥水或啃食植物來補充水分。

武士會藉由焚香
讓身體飄散迷人的香氣

主題	儀容	說到武士，會有與乾淨無緣、充滿汗臭味的印象，不過他們平日都會透過焚香讓身上飄散迷人香氣。

這香氣真不錯。

陣陣飄香

① 有時連首級檢驗時也瀰漫著香氣

武士好像平常就習慣焚香。

　　以相貌秀麗端莊而為人所知的武將木村重成，在大阪夏之戰中加入豐臣陣營參戰，年紀輕輕才23歲便戰死沙場。其首級在戰後送到了德川家康面前，據說當時重成的頭髮因焚香薰染而散發著芬芳香氣。家康讚賞此乃勇者風範。**連死後都愛惜名譽，是很符合當時武士作風的軼聞。**

② 整理好儀容才上戰場

武士平常所焚燒的薰香中使用了丁香等，丁香是以丁香樹開花前的花蕾乾燥而成。此外，武士不光會在身上薰香，**還會在儀容打理上花費心思**，比如會沖澡以淨化身心，或是使用自古以來作為研磨工具、以木賊製成的修甲工具等。

香爐

焚香時會使用香爐這個工具。只要在裡面放薰香並點火，室內便會瀰漫著迷人的香氣。

丁香

薰香主要是以名為丁香的樹木製成。一經焚燒便會散發如香草般甜甜的香氣。

焚香以外的儀容打理

唰唰

沖澡

沖澡是武士的晨間日課。不光是沖掉身上的髒污，還有淨身的含意。

畢竟不知道有誰留意著呢。

修指甲

使用以名為木賊的植物加工而成的修甲工具。武士平常就會修整指甲。

儀容的三條準則

✳ 其一　只要身上覆滿薰香的香氣，即便遭砍首也不可恥。

✳ 其二　沖澡是沖掉身上的髒污並淨化身心的重要日課。

✳ 其三　使用木賊將指甲打磨整齊。

身上穿著上廁所也不必脫的方便貼身衣物

主題	如廁	只要吃吃喝喝就會帶來排泄的問題。戰國時代的武士與足輕在行軍或打仗期間是如何如廁的呢？

在下稍微失禮了。

籌木

當時不用廁紙，而是使用名為籌木的木片來擦屁股。

武具襯衣

穿在鎧甲下的內衣。胯下有開口，讓他們隨處都能如廁。

① 袴的褲檔有開口，便於如廁

無論大號還是小號都很輕鬆。

　　戰國時代的武士們全身皆包覆著鎧甲或甲冑，他們是如何如廁的呢？關鍵就在於袴（傳統日式褲裙）。事實上，袴的構造是將左腳與右腳的部分分別製作，再各自縫合固定於腰帶上。**換言之，胯下有開口，因此只要蹲下即可很自然地從胯間的空隙舒服地排泄。**

② 鬆開前褌讓褌出現空隙

　　戰國時代的武士身上會穿著越中褌或割褌，即前褌（兜襠布）綁在脖子上的內褲樣式。只要鬆開前褌，包覆胯間的部位也會變鬆而產生空隙。換言之，**只要稍微鬆開前褌製造出空隙，即使不脫下來也能從該縫隙進行排泄。**

前褌

在下要
鬆開囉～

縫隙

鬆開這個兜襠布的部位，藉此讓胯間產生縫隙。

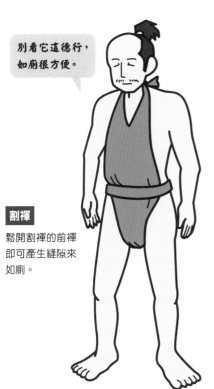

別看它這德行，
如廁很方便。

割褌

鬆開割褌的前褌
即可產生縫隙來
如廁。

**戰役
小檔案**

在哪裡洗手？

肥皂是在戰國時代傳入日本的，但一直到很後來的明治時代才普及開來。這個時代如果只是如廁，並不會特地洗手？

如廁的三條準則

* 其一　不脫下鎧甲或甲冑亦能如廁！

* 其二　袴是左右分開成兩邊的，因此只須蹲下即可。

* 其三　當時的褌只要鬆開前褌便能在胯間打造出空隙。

知識度 ★★★★★

前往戰地途中的休息時間
會賭博或飲酒作樂

| 主題 | 娛樂 | 為期較長的戰役期間，有些時期並沒有實際的戰鬥。說到這種時期士兵們的娛樂，便是賭博或飲酒。 |

上級武士

喝～

會把戰爭的壓力分散在飲酒或賭博中。

晚酌（晚上喝酒）

上級武士會在晚餐時一邊喝酒一邊聊天，這是他們的娛樂。

① 士兵的娛樂就是酒！也會有商人進行買賣

戰爭期間主要的娛樂就是飲酒了。士兵們會像舉行祭典一樣熱鬧地參與宴會。此外，**也會有許多商人到軍中進行各式各樣的買賣**。除了販售酒、糧食與香菸之外，還承接武器的修理、收購從醫生或敵兵那奪取的武具等等，商業行為十分盛行。

好喝～

商人

飲酒

也會有商人賣酒，還會舉辦宴會。

② 熱衷於賭博而把身家輸個精光……

軍中也會賭博。其中又以玩骰子的項目最受歡迎。身處明日生死未卜的戰場上，金錢並不是那麼重要，糧食、衣物、武具都成了賭注。**據說也有不少人因為賭博賠掉了大名借出的刀具或武具，因此曾有過下達軍中禁賭令的案例。**

戰場上的消遣

人類只要有了時間上的餘裕就會想玩樂。戰國時代的人們當然也很熱中於娛樂。

賭博

使用骰子的賭博備受喜愛。有人甚至連衣物都輸光了！

娛樂的三條準則

※ 其一　飲酒、賭博、購物……戰場上的娛樂和平日沒有兩樣。

※ 其二　在以性命相搏的戰場上也能談生意。

※ 其三　賭博容易令人狂熱，因此賭博禁令也是不得已之策。

知識度 ★★★★★

屍體的處理方式是曝屍荒野當作鳥的食物

| 主題 | 屍體處理 | 讓河川沖走或掩埋。戰場上的屍體會透過各種方式來處理。其中也有些情況是原地棄置不理……。 |

處理屍體的種類　處理屍體有各式各樣的方式。

嘎～

嘎～

棄置

原地擱置。讓屍體成為烏鴉等鳥獸的食物。

① 以別的形式回收被奪走的東西

據說日文「葬る」的語源是「放る」！（※）

　　在性命相搏的戰場上必然會留下屍體。附近的農民會蜂擁到這些屍體旁，將武具與衣物扒下帶走。這種行為或許看起來很無情，但他們作為生活糧食的稻田遭到破壞，若將這些視為一種補償，便合情合理。**全裸的屍體被棄置原地成為鳥獸的食物，這種情況並不罕見。**

※葬る（houmuru，埋葬）與放る（houru，棄置）音近。

② 身上穿戴的武具即為屍體處理費

雙方大軍交戰後會留下數量龐大的屍體，有些情況下是由當地較具勢力的商人等負責收拾。屍體上穿戴的無數武具即為報酬，商人會將這些武具修理後變賣，而屍體則大多會挖個大洞等，不分敵我一起填埋起來。

沉入沼澤中

日本有許多濕地，活用這種特有的地形，讓屍體沉入沼澤中。

讓河川沖走

有時會將屍體運至流經附近的河川，讓河水沖走。

埋進土裡

到了戰國時代後期改採挖洞加以厚葬的土葬。

黑鍬組

有時會由有黑鍬之稱的小荷駄隊來負責處理屍體。

處理屍體的三條準則

* 其一 　屍體上穿戴的東西全數沒收。
* 其二 　直接棄置不顧的屍體處理法並不罕見。
* 其三 　商人會回收武具充當屍體處理費。

只要在戰場上率先發動攻擊，便能獲得戰國武將的獎賞

主題	論功行賞	交戰過後會對應戰功獲得賞賜。當然還是敵將的首級能獲得最高評價。「頭功」次之。

第一槍（一番槍）

一開始最先用長槍刺中敵方武將的人所獲得的稱號。

被搶先一步了。

第一刀（一番太刀）

一開始最先手持太刀攻擊敵方的人也會獲得賞賜。

被砍中了！

① 追求最佳戰功而一馬當先衝進敵陣！

渴望得到賞賜也無不妥。

　　敵方大將的首級被視為最高等級的戰功。次級則是開戰後率先取下敵人首級的「首顆頭顱（一番首）」。最先用長槍刺中敵將的「第一槍（一番槍）」或最先攻擊的「第一刀（一番太刀）」等「頭功」極具價值。獲得這些戰功都能成為賞賜的對象，因此武士會在戰役一揭幕便爭相衝鋒陷陣。

敗死之功

壯烈戰死沙場的話，整個家族都會成為獎賞對象。

我是英勇戰死……！

知行地

從敵方奪取的領土。年貢便成為收入來源。

給你的賞賜，接下吧！

大名的愛刀

領受主君的愛刀，這對家臣而言是至高無上的名譽。

② 自敵方奪取的土地為恩賞的基礎

　　壯烈戰死的情況下，不僅是本人，有時候連帶整個家族都會獲得極高的評價。此謂「敗死之功」。恩賞的基礎便是領地，自敵國奪取的土地會以「知行地」的名義賜予立下戰功的家臣。有時也會賜予家臣主君的愛刀或是愛馬等。

論功行賞的三條準則

✳ 其一　殺了敵方大將便贏得勝仗。換言之最高戰功便是大將首級！

✳ 其二　第一槍與第一刀等「頭功」的價值極高。

✳ 其三　恩賞基本上是土地，但有時會獲賜主君的愛刀。

戰勝國的士兵即使做出強盜等惡行也可以

主題	掠奪	在戰役中獲勝的大名會允許在敵區的掠奪行為，意在犒賞從軍的士兵們。日文謂此為亂取（randori）。

雖說是戰國之世的常態，還真是殘忍呢……

不准逃跑嘿。

被逮到了啦～

① 勝者會奪取敗者的一切

　　戰國時代會允許足輕雜兵在敵區的掠奪行為，作為勝利者的特權。破壞田地、強闖民宅、將值錢的東西搜刮殆盡。**女性會遭強姦，抵抗便死路一條**。此外，勝者還會理所當然地擄走女性與孩童，當作奴隸來販賣。

生擒

不僅限於女性，連孩童也會被活捉，抵抗者皆慘遭殺害。

咕咕咕

掠奪

掠奪作物、財物家當等所有東西。

② 允許掠奪，藉此提高士兵的戰鬥意志

　　戰勝者所進行的掠奪行為即稱為「亂取」。這是「在戰場上取得之物皆歸自己所有」被視為普世價值的時代特有的現象，對於得不到太多賞賜的足輕雜兵而言，這便成為參戰的動機。**因此大名也都容許這種行為。**

救命呀～

放火

放火燒掉房屋的行為也有妨礙戰敗國重建的意義。

強姦

不僅會侵犯戰敗國的女性，還會作為奴隸販售。

掠奪的三條準則

＊ 其一　　勝者奪取敗者的所有事物是戰國的常態。

＊ 其二　　如日文「亂取」所示，不只是財物家當，連人都不放過。

＊ 其三　　對於賞賜甚少的足輕而言，掠奪即為參戰的動機。

一旦戰敗便會淪為家來或流放到遠方，下場悽慘

| 主題 | 戰敗國 | 勝者可擴大領土並累積財富。另一方面，等著敗者的卻是戰死、臣服、人質、流放等殘酷的命運。 |

敗者的命運　等著敗者的殘酷命運有幾種選項。

我們投降，
請停止攻擊！

① 戰敗便沒命是戰國亂世的慣例

想到往後的處境，戰死或許比較輕鬆。

　　在武士的死法當中，戰死或許還比較好一點。話雖如此，知名武將被砍下的首級在送至敵國後，有時也會懸掛示眾。被敵人抓起來是身為武士最大的恥辱。在戰敗的可能性很高的情況下，也有不少人會自刎了結。在**守城戰中，有時城主會為了換取免城兵一死，而自行切腹自殺。**

提供人質

保留餘力投降後，只要交出人質
便能停戰。

② 只要活著 就有機會逆轉？

　　既未戰死又沒能自殺而慘遭
敵方抓住時，命運便全憑對方處
置。**大多數的人會被宣判斬首或
流放孤島，不過對敵人俯首稱臣
的案例也不在少數。**當敵人也不
希望繼續戰鬥時，有時也會允許
提供人質。

遵命。

往後便為
吾鞠躬盡
瘁吧！

臣服

加入敵將的麾下便
能保下一條命。

流放

被流放到遙遠的島上，
在監視之下被迫過著流
放的生活。

明明原本皆為
吾的土地……

和解

以割讓領國的一部分為條件
接受投降。

戰敗國的三條準則

✳ 其一　奮戰到最後戰死也好，自刎了結也不錯。

✳ 其二　如果想要存活下來，發誓臣服於敵方也是一種選擇。

✳ 其三　仍有餘力時，有時也會交出人質來協議停戰。

戰敗的戰國武將有時會被迫切腹

| 主題 | 死法 | 戰死、切腹、落武者狩（狩獵落難武士）……戰敗的一方經常得面臨最糟糕的死法。 |

一旦戰敗，立場便會對調過來呢。

唔……

落武者狩

農民帶著田地遭破壞的滿腔恨意向殘兵敗將討命。

戰死

一旦總大將在戰場上遭擊殺，便敗局已定。

① 追擊敗者，惡夢般的落武者狩

　　戰敗方的將兵有時會希望東山再起而試圖從戰場上逃亡。然而要逃至遠方並非易事，大多會遭遇敵方的足輕，或鄰近農民所發起的「落武者狩」。**尤其是農民會出於田地遭到破壞的憤怒而對落難武士窮追不捨，搶奪武具或值錢的財物。**

噢嗚……

② 一般認為「十文字腹」是最理想的切腹法，但……

　　一般的切腹是在腹部橫切「一」字（一文字腹）。另一方面，最理想的切腹法則是緊接著又從心窩往肚臍下方切的十文字腹。**十文字腹會伴隨著劇烈的疼痛，因此能執行到最後的人寥寥無幾**。在切腹者當中，據說敗給豐臣秀吉的柴田勝家在切了十字腹後，還自行將內臟拉出。

切腹的做法

切腹時一旁會有檢使與介錯人等。
有些儀式上的規則。

十文字腹什麼的……
絕對辦不到！

介錯人

在切腹人切腹後
砍下其首級的人。

切腹人

切腹自殺者。一
般認為切完「一」
字後再縱向切開
的「十文字腹」最
為理想。

檢使

看著切腹並將過
程簡略匯報給主
君的見證人。

長柄所役

為切腹人和檢使
倒酒的角色。做
法是以右手握持
把柄末端。

死法的三條準則

※ 其一　　勝者與敗者的境遇天差地別乃戰場上之常規。

※ 其二　　即便未在戰場上喪命，也難逃死亡的深淵。

※ 其三　　要面臨落武者狩或切腹。等著戰敗將兵的是悲慘的死亡。

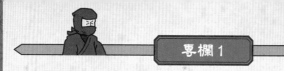

專欄 1

戰國時代治療傷口
非常粗暴，令人疼痛不已

戰國特有的治療法便是在無麻醉下進行

被刀砍到或被長槍刺中而受傷的話，會由名為金瘡醫的醫生負責治療，但其做法十分粗暴，連麻醉都沒有，便用如鉗子般的器具「扁嘴鉗」拔出刺入的長槍或步槍子彈。因此據說也有士兵因為太過疼痛而昏厥。此外，也有不少士兵會彼此互相治療，但僅以樹葉貼敷傷口，或在傷口上抹鹽等，治療十分粗暴。當中有些人還曾進行一些如巫術般的治療法，像是服用以馬糞煮成的汁液，或是吃下瓦焙鼴鼠後磨製成的粉末等。

武具 之卷

武士身上穿戴的武器或護具

武士在戰場上都是賭上自己的性命在奮戰。在此針對他們的武器、護具與其他裝備，詳細深究名稱乃至用法。

知識度 ★★★★★

長槍是最先與敵方交戰的足輕兵們的必備品

主題 | 長槍 | 廣為運用的長槍是比刀或弓箭更能輕鬆掌握的實用武器。士兵都是如何使用的呢？

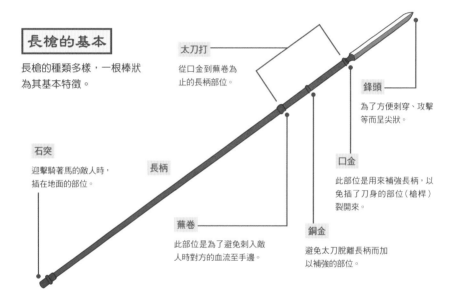

長槍的基本

長槍的種類多樣，一根棒狀為其基本特徵。

太刀打
從口金到蕪卷為止的長柄部位。

鋒頭
為了方便刺穿、攻擊等而呈尖狀。

石突
迎擊騎著馬的敵人時，插在地面的部位。

長柄

口金
此部位是用來補強長柄，以免插了刀身的部位（槍桿）裂開來。

蕪卷
此部位是為了避免刺入敵人時對方的血流至手邊。

銅金
避免太刀脫離長柄而加以補強的部位。

① 對付相隔一段距離的敵人很有效的武器

對於還未習慣戰鬥的足輕而言很好操作。

　　像長槍這種握柄較長的武器可以拉出較大的間距，因此能比敵方更快展開攻擊。**尤其是面對騎馬武者等，當對手位於刀具難以觸及的距離時，長槍便是很有效的武器**。戰國時代足輕所使用的長槍長度一般約為3.6m至5.4m，不過也有些是使用約6.4m的長槍等，每個軍隊各有特色。

② 長槍順勢滑動般「猛刺」

　　長槍是握柄較長的武器，用雙手握緊長槍刺擊時，會往水平方向順勢滑動。**靠近對手那側的手托在長柄，另一隻手則握住槍尾附近，迅速前後移動**。順帶一提，據說美濃（岐阜縣）的戰國大名齋藤道三曾在長槍尖端處加上鋼針，用以刺過吊著的硬幣孔洞，藉此訓練來磨練技術。

姿勢擺法 擺出左手在前右手在後的架式。然而，沒學過長槍用法的人大多會用來敲打或揮舞。

立身
擺出筆直站立的姿勢。

前掛
將體重放在右腳，擺出雙臂往上抬的姿勢。

仁王腰姿勢
右腳往內側彎曲，擺出壓低重心的姿勢。

握法 以左手握住長柄的方法有3種基本模式。

模式1:從下方握住　　　　模式2:從上方握住　　　　模式3:從上方使勁握住

　　若是左手在前的姿勢，會以上圖任一種方式握住。然而，如果長槍長度超過2.5m，猛刺的動作會變得很困難，因此戰鬥時應臨機應變而非執著於握法。

長槍的三條準則

＊ 其一　　長槍是有利於與相隔一段距離的敵人對戰的武器。

＊ 其二　　長槍不必像刀或弓箭等那般勤練也能操作。

＊ 其三　　長槍愈長愈有利，相對的操作也會變難，應格外留意。

知識度 ★ ★ ★ ★ ★

以人數定勝負！？令對手折服的長槍團體戰法

主題	長槍・續篇	最能發揮長槍之力的便是由足輕執行的團體戰法。在此介紹能左右戰役勝敗、舉足輕重的長槍戰法。

槍衾

手握石突附近，與身旁士兵的長槍交錯，盡量不留空隙。

① 足輕組成的長槍部隊的團體戰法，名為「槍衾」

刺中的話肯定很痛。

　　使用長槍的戰法中，有一種名為「槍衾」的團體戰法。為了讓長槍的長度發揮最大限度的優勢，足輕會手握石突（長槍尾端）的底部，組成密集的隊伍，不留間隙地前進。在敵方眼裡，成排並列的無數長槍看起來就像無法突破的巨大被褥（衾）。此外，所謂的衾便是平安時代的被子。

② 舉起長槍不斷敲打、敲打再敲打

雙方長槍的激戰後來演變成用長槍互相敲打。一般容易認為長槍是利用鋒頭進行攻擊的武器，但**實際上卻是採用不斷死命敲打的戰法，不給敵人反擊的餘裕**。雙方足輕所展開的槍衾戰為交戰之初增添了可看性，以此決定戰役的勝敗也不稀奇。

先下手為強拚命敲打，不讓敵人舉起槍尖。

迎擊敵人時，在槍兵首領的號令下，同時開始敲打。

好痛！

投擲

長槍還有別的用法。比如有種戰法是往對手扔槍以製造可乘之機，趁空檔拔刀並猛衝上去。在非生即死的戰場上，也很常運用這類戰法。

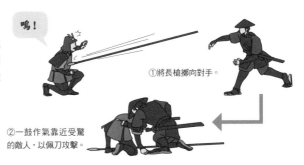

嗚！

①將長槍擲向對手。

②一鼓作氣靠近受驚的敵人，以佩刀攻擊。

長槍・續篇的三條準則

* 其一　「槍衾」是運用長槍的代表性團體戰法。

* 其二　應了解長槍在團體戰中是用來敲打而非刺擊的武器。

* 其三　由足輕執行的長槍團體戰法會左右交戰的勝敗。

足輕所使用的刀具
不光可砍殺，還會用來敲打

| 主題 | 打刀 | 說到武士的武器，大家最先想到的便是佩刀。在此詳細說明武士乃至足輕都廣泛使用的刀具。 |

打刀的結構

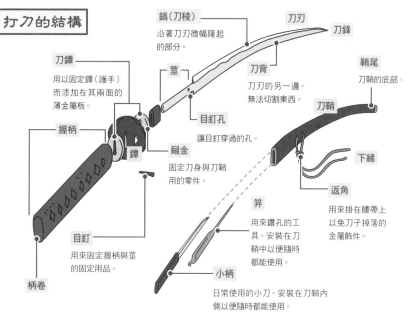

鎬（刀稜）
沿著刀刃微幅隆起的部分。

刀刃

刀鋒

刀鐔
用以固定鐔（護手）而添加在其兩面的薄金屬板。

莖

刀背
刀刃的另一邊。無法切割東西。

鞘尾
刀鞘的底部。

握柄

鐔

目釘孔
讓目釘穿過的孔。

鎺金
固定刀身與刀鞘用的零件。

刀鞘

下緒

返角
用來掛在腰帶上以免刀子掉落的金屬飾件。

目釘
用來固定握柄與莖的固定用品。

笄
用來鑽孔的工具。安裝在刀鞘中以便隨時都能使用。

柄卷

小柄
日常使用的小刀。安裝在刀鞘內側以便隨時都能使用。

① 刀具依刀身形狀又分為「直刀」與「彎刀」

刀具在這個時代是預備用的武器喔。

　　刀具有各式各樣的種類。刀身筆直的稱為「直刀」，有彎度的則稱為「彎刀」。**現今大家印象中的日本刀屬於彎刀**。彎刀又可依刀身長度進一步區分為「太刀」、「打刀」、「脇差」與「短刀」。一般來說，武士在戰場上用的是太刀，而足輕則是使用打刀。

② 以更實用的刀具之姿誕生的「打刀」

　　據說「太刀」與「打刀」長度都超過2尺（約60cm）。差異在於刀身的彎翹程度。**太刀主要為武士所用，據說彎度較大，適合從馬上進行砍殺**。另一方面，打刀比太刀還短，彎度也較小。相對的，打刀較便於操作且速度也很優異，因此適合沒經過什麼訓練的足輕。

刀具的用法 比起砍殺，當時的刀具更常用來敲打。

好痛。

敲打
當刀具因為砍殺對手沾了血而變鈍時，便將刀子當作鐵棒，用來敲打對手。

受死！

致命一擊
即便是用長槍等打倒對手，也要用刀具刺進咽喉來取下首級。

拔刀方式 拔刀出鞘砍向對手時，砍的方式會因刀刃朝上或是朝下而有所不同。

刀刃朝上的話
拔出刀，再擺出刀刃朝向對手的姿勢。

要先擺好姿勢才能砍人，因此缺點是會慢一拍。

刀刃朝下的話
扭轉刀鞘使刀刃朝左橫躺，再以彎曲著手腕的右手拔刀。

↓

這種拔刀方式刀刃是朝對方的方向，因此一個動作便可砍人。

打刀的三條準則

✳ 其一　　彎刀正是日本刀的基本型。

✳ 其二　　從馬上攻擊時應使用長且彎度大的太刀。

✳ 其三　　足輕應使用方便操作的「打刀」來應戰。

知識度 ★★★★★

即便身處遠方也要留意！弓箭的射程長達400m

主題	弓箭	「弓」是可以打倒離很遠的敵人的飛翔武器。在此介紹戰國時代的弓具備何種程度的性能。

射姿① 割膝

在戰場上拉弓時的基本姿勢。左膝及地，所以較為穩定。

預備！

射姿② 遠矢前

射出箭書（將信固定在箭上並射達遠方對象所在之處）時的姿勢。讓箭頭朝上即可飛至更遠的地方。

① 構造複雜的弓 需要熟練的技巧來操作

如果是近距離，連鎧甲都能夠射穿喔。

　　弓箭可說是人類發明的第一個飛翔武器。弓最初是以1根木頭削製而成，結合彎曲性佳的竹子後達到劃時代的進化。**相傳用於戰國時代的弓胎弓射程距離超過400m**。弓的構造複雜，需要熟練的技術來操作，但在戰場上一直都是主力的武器。

② 在戰場上使用弓箭需要攜箭工具

　　要使用弓來攻擊就必須盡可能準備大量的箭。**弓兵經常將預備的箭固定在腰上或是背在背上等，以便隨時都能射箭。**主要的攜箭工具有「空穗（箭袋）」與「箙（箭壺）」。空穗的優點是箭不會弄髒損壞，而箙則是可以大量收納且便於取出。

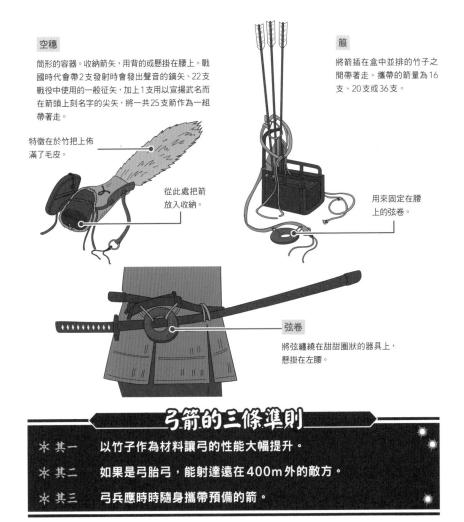

空穗

筒形的容器。收納箭矢，用背的或懸掛在腰上。戰國時代會帶2支發射時會發出聲音的鏑矢、22支戰役中使用的一般征矢，加上1支用以宣揚武名而在箭頭上刻名字的尖矢，將一共25支箭作為一組帶著走。

特徵在於竹把上佈滿了毛皮。

從此處把箭放入收納。

箙

將箭插在盒中並排的竹子之間帶著走。攜帶的箭量為16支、20支或36支。

用來固定在腰上的弦卷。

弦卷

將弦纏繞在甜甜圈狀的器具上，懸掛在左腰。

弓箭的三條準則

✳ 其一　　以竹子作為材料讓弓的性能大幅提升。

✳ 其二　　如果是弓胎弓，能射達遠在400m外的敵方。

✳ 其三　　弓兵應時時隨身攜帶預備的箭。

知識度 ★ ★ ★ ★ ★

尚未習慣打仗的士兵也能純熟地使用步槍

| 主題 | 步槍 | 威力不小但操作容易。因其登場而讓戰爭型態為之一變，步槍的性能意外地好。 |

火繩槍的各部位名稱

由學了步槍製造技術的刀匠來製造每一個零件。

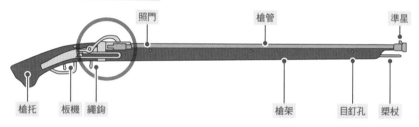

照門　槍管　準星

槍托　板機　繩鉤　槍架　目釘孔　槊杖

點火裝置

此裝置是為了讓火繩落在藥池裡，讓裝在藥池裡的火藥一路點燃到槍身的火藥。

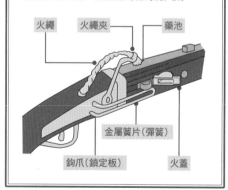

火繩　火繩夾　藥池

金屬簧片（彈簧）

鉤爪（鎖定板）　火蓋

這是來自南蠻的新武器。

① 戰國時代的火繩槍可射穿遠在100m外、3cm厚的板子

說到戰國時代的步槍，便是指「火繩槍」。**火繩槍是以點了火的繩子引燃火藥，故以此命名。** 其最大射程距離為700m。然而，據說能夠對敵人造成致命傷的有效射程距離則是100m左右，可以射穿3cm厚的板子。改變戰爭型態的步槍是由擅長處理鐵的刀匠之手量產出來的。

② 無法連射的火繩槍只能每30秒射擊1發

火繩槍的用法簡單，有別於刀或弓，未學過武術的足輕也能操作。再加上其威力驚人，在戰場上取得了豐碩的戰果。**然而，當時的火繩槍有個缺點，那就是無法連射。** 火繩槍需要經過好幾道步驟才能發射，因此射擊1發後，需要30秒左右的準備時間才能發射下一發。

仔細瞄準……

發射方式

①從槍口填裝用來發射子彈的粒狀火藥。

②火繩槍是從槍口填裝子彈。

③使用名為槊杖的長條棒將火藥與子彈壓進槍口深處。

④打開火蓋，將容易點燃的粉狀火藥裝進藥池中。

⑤蓋上火蓋，以火繩夾夾住點了火的火繩。

火繩夾

藥池

⑥扣下板機後，固定火繩夾的彈簧會彈回，火繩便會接觸到藥池。

⑦點燃藥池裡的火藥，緊接著引燃填塞在槍身內的火藥，便會發射出子彈。

步槍的三條準則

※ 其一	火繩槍的有效射程距離為100m。
※ 其二	沒學過武術的人也能輕鬆操作並打出戰績。
※ 其三	別忘了射擊1發後要花30秒才能發射下一次。

最強大的武器非它莫屬!?
戰國最強的作戰武器:大砲

主題 **大砲**

緊接在步槍之後傳入日本的便是大砲。當時開始用於戰役之中的大砲是什麼樣的武器呢?

後裝式

優點:可在短時間內發射砲彈。

缺點:一旦操作錯誤便有爆炸之虞。

大砲的構造

大砲的構造依砲彈的填裝方式分成2類,各有優缺點。

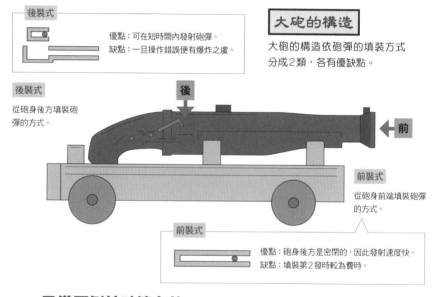

後裝式

從砲身後方填裝砲彈的方式。

後

前

前裝式

從砲身前端填裝砲彈的方式。

前裝式

優點:砲身後方是密閉的,因此發射速度快。

缺點:填裝第2發時較為費時。

① 具備壓倒性破壞力的 日本首座大砲 「國崩大砲」

大砲是在戰國時代進入尾聲時登場的。

最初傳進日本的大砲為佛朗機炮,這種大砲的口徑(砲彈發射口)約9.5cm,砲身約2.8m。**因其壓倒性的威力而被命名為「國崩大砲」。**當時的大砲根據砲彈的重量分成3種類型。未滿100匁(375g)的稱為「大鐵炮」,未滿1貫目(3750g)的稱為「大筒」,超過1貫目的則稱為「石火矢」。

② 搬運十分費力，因此最初是運用於海戰或攻城

發射大砲砲彈的機制基本上與火繩槍相同。然而，大砲有一定重量而難以搬運，因此最初是載上船用於海戰，或是攻城時用來瞄準不會移動的城池。**剛開始的運用方式處處受限，但隨著搬運技術的提升，大砲漸漸成為戰國最強的交戰武器，後來日本國內也開始製造大砲。**

大砲的種類｜在此介紹幾款曾經用於實際戰場的大砲。

大筒

步槍的加大款。有士兵扛著射擊與放在地上射擊2種款式。

和製大砲

石火矢的一種。採用前裝式，具備足以破壞城牆的威力。

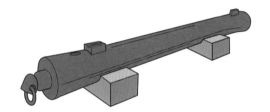

佛朗機炮

石火矢的一種。採用後裝式。固定於砲座上使用。

大砲的三條準則

＊ 其一 　大砲沉重至極但威力超群。

＊ 其二 　大砲依砲彈的重量又分為3類。

＊ 其三 　有從前方填裝砲彈的「前裝式」與從後方填裝的「後裝式」。

知識度 ★ ★ ★ ★ ★

使用火藥的高科技武器 與向敵方扔石頭的原始武器

主題 **火器與投石**

自從步槍傳入種子島以來，便有使用火藥的新武器陸續在戰場上登場。此外，還有自古以來便運用石頭的武器。

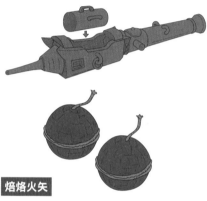

佛朗機炮

事先裝設在船上或城牆上來使用。在海戰或城郭戰中發揮威力。

優點：1發便可破壞石牆或望樓。
缺點：又大又重，搬運困難。

焙烙火矢

在如蓋飯般球形的容器中填塞火藥。無論是爆炸造成的衝擊波、火焰還是爆炸聲等都效果卓著。

優點：殺傷力大，連火焰與爆風都具攻擊性。
缺點：若在己方軍隊裡爆炸，受害甚大。

馬上筒

短而輕，可輕易攜帶的單手擊發火繩槍。也是很受青睞的護身用槍。

優點：攜帶方便。
缺點：射程距離短，僅30m。

① 焙烙火矢即具備 驚人破壞力的手榴彈

忍者也很擅長使用焙烙火矢喔。

　　「焙烙火矢」是將填塞了火藥的容器扔向敵方的武器。**近似手榴彈，還在裡面放了鐵片等來提高殺傷力。**在以木製船隻為主的戰國時代也頻繁用於海戰，目的在於焚燒敵船。此外，「佛朗機炮」也是用了火藥的新武器之一。

② 犧牲射程距離換取機動性的馬上筒

　　「馬上筒」是一種可以邊騎馬邊射擊的火繩槍。原本的火繩槍槍身較長且填彈手續較為麻煩，因此無法在馬上射擊。不過這款武器的射程距離較短，只有30m，但槍身短且輕，可以單手射擊，也很適合作為護身用的武器，因此在江戶時代便進一步普及開來。此外，較原始的「投石」法也經常派上用場。

簡樸但威力強大的投石武器

使用火藥製成的高科技武器陸續投入戰場，另一方面，自古以來的原始武器依然發揮著猛烈的威力。投石武器可謂其代表。

投彈帶

全長約130cm的繩帶。中央部位打造得較寬以便包覆石塊。

投石的順序

利用離心力可讓石頭扔得更遠。

①將石頭擺在投彈帶較寬的部位，將繩帶對折並握住兩端。

②以手腕為中心，順時針旋轉。

③將產生力量的石頭遠遠拋出去。

火器與投石的三條準則

※ 其一　　使用火藥的武器具備足以輕鬆顛覆戰力差距的威力。

※ 其二　　焙烙火矢是將裝有火藥的容器扔向敵方、如手榴彈般的武器。

※ 其三　　馬上筒是能以單手射擊的手槍型火繩槍。

足輕的武器 都是自備或是租借品

主題	足輕	戰國時代在交戰之際的參戰配備全都必須自己準備。士兵們究竟都準備了些什麼呢？

自備武器的種類

參戰的足輕絕大部分都是農民。因此帶著農具充當武器的人不在少數。

竹槍

將竹子末端削尖製成之物。幾乎不花分毫便可備妥，是最簡易的武器。

鐮刀

割草或草皮時所用的農具。雖然有刀刃，但殺傷力低。

我們也要奮戰。

鋤頭

耕田時不可或缺的農具。戰鬥力當然也不高。

① 參戰所需的武具與工具 都是各自自行籌措的

據說參戰者有8成是農民呢。

　　電視或電影裡所看到的交戰畫面中，足輕隊身上都穿戴統一的護具，因此容易讓人誤以為那些都是配給品。然而，實際上不光是武具或護具，就連受傷時的藥、代替被褥的草蓆（涼蓆之類的）、**糧食等都必須各自自行準備**。但如果租借品不算在內的話……。

② 租借品是為了無法自行準備的人而存在

　　有些人無論如何都沒辦法自備武器或護具，對於這些人，**各國的戰國大名便開始出借名為御貸刀或御貸具足的武器或護具**。在這之前，沒有武器的人都是帶著農活所用的鐮刀、鋤頭或是竹槍、木刀、石頭等上戰場，考慮到這一點，可以說透過租借讓足輕的戰力有了飛躍性的成長。

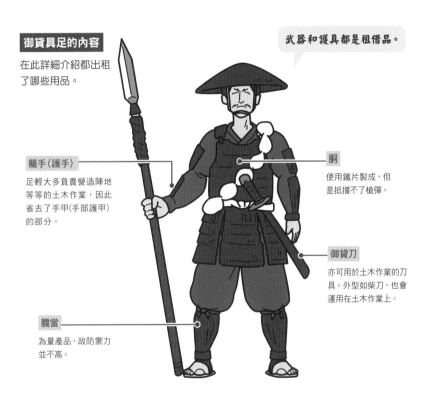

御貸具足的內容

在此詳細介紹都出租了哪些用品。

武器和護具都是租借品。

籠手（護手）

足輕大多負責營造陣地等等的土木作業，因此省去了手甲(手部護甲)的部分。

胴

使用鐵片製成，但是抵擋不了槍彈。

御貸刀

亦可用於土木作業的刀具。外型如柴刀，也會運用在土木作業上。

臑當

為量產品，故防禦力並不高。

足輕的三條準則

✳ 其一　　交戰時的武器與護具應自行準備。

✳ 其二　　無刀或長槍者亦可帶著鐮刀或鋤頭充當武器。

✳ 其三　　無論如何都無法自行湊齊者應使用租借的武具。

連步槍都承受得住！
戰國時代的鎧甲又輕又堅實

主題	甲冑	據說在彌生時代（紀元前～3世紀前後）便已有鎧甲的存在。隨著時代改變戰鬥方式也逐漸變化，而鎧甲又有哪些進化呢？

當世具足的構造

兜（頭盔）
從傳統的形狀乃至輕量而實用的款式，種類五花八門。

咽喉輪
遮覆咽喉，保護要害。

小鰭
保護肩膀。還與籠手相接，藉此遮覆肩膀的縫隙。

袖
形狀和前一時代的鎧甲一致，但改得更為輕量。

面具
這個裝備是用來保護毫無防備的臉部。

襟迴（脖圍）
保護脖頸底部，抵擋背後的攻擊。

鎧甲在戰國時代有了飛躍性的進化。

胴
大範圍保護上半身至腰部。使用了鐵片，因此亦可保護身體抵擋長槍或是步槍的攻擊。

草摺
保護腰部四周與大腿。

佩楯
保護大腿到膝蓋。

籠手
以皮革或鐵製成，保護上臂至手背。

臑當
保護小腿部位。布上縫有鐵片或鏈條。

① 配合戰法變化的「當世具足」於戰國時代登場

最古早的鎧甲誕生於彌生時代。隨後在武士登場的平安時代則誕生了適合騎馬或射箭的「大鎧」，主要由騎馬的武士穿戴。**另一方面，足輕等步兵則是使用名為「胴丸」的簡化版鎧甲。**當步槍登場後，配合戰法的變化而誕生了「當世具足」。

② 透過輕量化來因應重視速度的戰法

　　當世具足的當世意指現代。換言之，是指當時的最新款式。重量比大鎧輕約15kg，可因應重視速度的戰鬥。為了因應刀跟長槍的攻擊，進一步打造得毫無縫隙，還兼具足以承受火繩槍的強度。其設計豐富多樣，據說當中也有款式仿製了西洋甲冑的樣式。

| 胴的形狀 | 當世具足的胴會根據使用者的喜好採用不同的材料或形狀。有時設計性還優先於防禦性。 |

桶側胴

縱向接合鐵片製成的胴的基本型。比較輕，防禦性也高。

佛胴

表面光滑，看似是以1片鐵片打造而成。實際上是把接合處加工得看不出來。

疊胴

以鏈條串起長方形金屬板所製成的胴。鏈條部位可以自由活動，所以可折疊攜帶。

南蠻胴

模仿西洋甲冑製成的胴。讓前面中央部位隆起，即可讓砲彈或槍尖偏移。

不同身分在裝備上的差異

足輕

簡易的具足，防禦性低。

武士

會依據身分高低而有落差，但基本上防禦性佳。

大將

穿戴著變化版的頭盔或陣羽織等，以醒目裝扮進行指揮。

甲冑的三條準則

※ 其一　　最初的鎧甲是在距今2000多年前的彌生時代登場。

※ 其二　　為了配合戰國時代戰法的演變而誕生了「當世具足」。

※ 其三　　為了因應快速的戰鬥，當世具足變得更加輕量。

知識度 ★★★★★

頭盔不僅重視防禦性能，設計也很重要

| 主題 | 兌（頭盔） | 頭盔在日本有了獨特的進化，不僅具備防禦性，還很重視設計性。當時究竟打造出了什麼樣的頭盔呢？ |

有很多充滿
特色的頭盔。

吾將制霸天下！

① 於當世具足的時代流行一時的變化版頭盔

　　日本獨有的大鎧登場以後，「星兌」與「筋兌」這類外型獨特的頭盔也應運而生。頭盔具有保護頭部這個最大要害的重要功用，不過**這個時代登場的頭盔不僅重視防禦性，還相當重視裝飾性**。到了當世具足的時代，更加追求設計性的「變化版頭盔」蔚為流行。

織田信長的頭盔

威風凜凜且沉穩的設計十分吸睛。在前立上配置了家紋。

② 為了在戰場上更顯眼，頭盔變得更加獨具特色

　　變化版頭盔除了實用性之外，也很重視在戰場上能否「比任何人都要顯眼」。**若要提高防禦性，以鐵製品最為合適，但據說有些頭盔反而故意使用防禦力較差的皮革等作為素材**。此外，還會利用特殊素材或是特殊設計的「前立（固定於頭盔的飾物）」來展現個性。其圖紋豐富多樣，有動植物、樂器等。

頭盔的種類

星兜

以鉚釘接合鐵片製成的頭盔。從平安時代開始使用。

南蠻形兜

讓鐵片貼合於正中央，使突出的條狀立於中央處。

頭形兜

用於戰國時代的一般頭盔。特色在於圓弧的形狀。

筋兜

用於缽體的鐵片接合處呈突出條狀。

突盔形兜

將筋兜簡化而成。重點在於頭部呈尖狀。

知名武將所用的設計款頭盔

黑田官兵衛

模仿碗狀的獨特設計可謂傑作。

本多忠勝

加了雄壯鹿角且漆成黑色的頭盔。

伊達政宗

加裝了巨大新月狀的前立。

頭盔的三條準則

＊ 其一　　戰國時代的頭盔設計性優先於防禦性。

＊ 其二　　頭盔的作用便是在戰場上引人注目。

＊ 其三　　有著各式各樣素材或設計的前立，藉此彰顯自己。

為了抵禦敵人的攻擊而漸漸遮掩臉部

主題	面具	臉部一旦遭到攻擊，戰鬥力就會下降。為此登場的便是保護臉部的「面具」。

面具的防禦性

包覆整張臉，藉此提高防禦性。

半頰　保護部位：臉頰及下巴

用以保護臉頰與下巴，抵擋敵人的刀、長槍或箭之攻擊，有些會加上「垂」來保護脖子。

— 垂

咽喉輪

總面　保護部位：整張臉

遮住整張臉的面具，為了讓敵人突然看到時驚嚇或害怕而加了金牙或大鬍子。

半首　保護部位：額頭及臉頰

保護額頭與臉頰的面具，眼睛與口鼻部位是開放的。咽喉輪則如文字所示，是保護咽喉免於攻擊的護具。

① 「面具」可守護鎧甲或頭盔等甲冑保護不到的臉部與脖子

表情難辨，所以有種威迫感呢。

　　即便以甲冑保護身體，若臉部遭受攻擊，還是可能造成致命傷。因此**自室町時代前後便開始使用「面具」**。名為「半首」的「面具」為鍛鐵製且漆成黑色。外觀給予人可怕的印象，可威懾逼近的敵人。

看不出是何許人也。

威嚴～

② 更強力且包覆整張臉的「總面」

「半首」可以防禦額頭與臉頰等臉的上半部，後來打造了圍起臉下半部的「半頰」，甚至又出現包覆整張臉的「總面」。**一般認為這種設計是受到西洋頭盔的影響**。面具在戰國時代和鎧甲或頭盔一樣都富含時尚性。

只要用「總面」遮覆臉部，便無法分辨是何人。若是穿上派頭十足的甲冑，便可成為大將的替身，也就是化身為影武者來欺敵。

面具的三條準則

✳ 其一　針對眼睛等臉部的攻擊會令人喪失戰鬥力，因此利用「面具」防禦。

✳ 其二　「總面」登場，不只遮半張臉，而是包覆整張臉來防禦。

✳ 其三　看不到臉，利用這一點打造影武者來欺敵。

還有立盾、手盾、竹束等防禦用的盾類裝備

| 主題 | 盾牌 | 最初是在板子背面加了手把的「手盾」，後來出現了可固定於地面的「立盾」。 |

這是時代劇中不常看到的護具呢。

立盾

與人的視線等高，寬度則大約以人體的寬度為基準。可以在這種盾牌的背後躲避弓箭，但若是步槍的子彈則會被打穿。到了江戶時代還出現為了方便步槍射擊而加了開關式窗戶的盾牌。

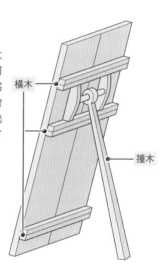

横木

撞木

① 從手持盾牌進化成固定於地面的「立盾」

「盾牌」一開始是手持的小型「手盾」，**但這麼一來便無法手持刀或是長槍，因而進化成固定於地面的「立盾」款式**。寬50cm、高150cm，背面裝了名為撞木的支撐條，士兵便可以躲在後面往前推進。

手盾

士兵會單手拿著抵擋飛來的箭等，為寬40cm×長5～60cm的小型盾牌。

② 進入步槍的時代後，打造出名為「竹束」的盾牌

　　到了戰國時代便開始使用步槍＝火繩槍。**「立盾」無法抵擋步槍的子彈，所以用多根竹子綑紮而成的「竹束」遂而登場**。當時的火繩槍威力不大，因此打中竹子表面會反彈而改變角度，擊中士兵的機率就變少了。

竹束

竹束主要是在攻城之際用來一邊防禦敵方的步槍子彈一邊前進。使用鐵片的效果較佳，但當時鐵十分貴重，因此無法使用。

移動中⋯⋯

若是使用「立盾」，士兵會手持背面的撞木，一邊保護身體一邊步步往敵人的方向前進。

若是把撞木扛在肩上搬運還可防禦來自後方的敵人攻擊。

盾牌的三條準則

＊ 其一　　立盾的防禦力優於手盾。

＊ 其二　　武器從箭進化成步槍後，「竹束」應運而生。

＊ 其三　　因為有了防禦性較佳的鎧甲，「盾牌」便不那麼常使用了。

武士會瞄準敵方的要害，即鎧甲上的細微縫隙

主題	要害	鎧甲是為了防止致命傷，但並非無處可攻擊。攻擊敵人時應瞄準哪些要害呢？

介者劍法

身穿甲冑可以提高防禦力，但甲冑沉重無比，經常會跌倒。因此武士採取了屈膝且腰部下沉的劍法。

實戰戰法

這種戰法是以護具籠手抵禦敵人揮下來的刀，同時以刀刺擊對方的脖子或腋下等處。

擺出刀朝斜上方的姿勢。

眼睛朝上緊盯對手以免眼睛遭到攻擊。

雙腳打開，腰部下沉，跳著行走。

以左邊的籠手擋住刀子，接近對方並刺擊要害。

有破綻！

① 以方便行動的活動式當世具足進行交戰

再堅實的鎧甲也必有弱點。

　　戰國時代以前的鎧甲防禦性高，但有一定的重量，活動困難，故而有名為「當世具足」的鎧甲登場，這種鎧甲既能輕便活動又具備防禦性。**從便於活動的另一面來看，由於裝備分成好幾個部位，其縫隙便成了要害。**敵人會瞄準這些要害並以刀或長槍刺擊。如何對敵方造成巨大的傷害正是交戰的關鍵。

② 以長槍、長卷、薙刀或薙鐮刺向敵人的要害！

以方便活動的當世具足進行近距離武器混戰時，使用能與敵人保持距離的長槍等長柄武器，即可好好確認敵人的動向而佔據上風。**長柄武器可對敵人的要害予以一擊，也因此被廣泛運用在戰場上**。此外，「長卷」或「薙刀」可用來絆倒敵人的腳，「薙鐮」則是在210cm的棒子前端加裝銳利刀刃所製成的武器，可砍下敵人的首級。

人體的弱點

斬斷動脈便會大出血，因此這些部位便成為人體最大的弱點。

臉部

少了面具便毫無防備。尤其眼睛一旦遭受攻擊便會失去戰意。

脖子

脖子上有頸動脈這個要害，因此一旦被砍中就撐不了多久。

肩膀的縫隙

如果少了腋引這種貼附在鎧甲腋下的小具足，便無法保護雙肩。

手臂內側

如果沒有籠手，手臂內側的柔軟皮膚或是手肘關節會成為攻擊目標。

腋下

只要手臂往上一揮，腋下便會毫無防備，所以是必須格外留意的要害。

胴與草摺之間

身體一動，胴與保護大腿部位的草摺之間便會露出空隙而成為要害。

草摺的縫隙

如果沒有保護膝蓋的佩楯，動脈流經的大腿便會成為攻擊目標。

膝蓋與小腿

關節一旦受創，便會無法站起。

腳背

腳被壓住或遭受衝擊便會無法動彈。如現代的安全鞋般做了以鐵片覆蓋之類的處理。

要害的三條準則

✳ 其一　在以近距離武器交鋒的近身戰中，應準確瞄準對方的要害。

✳ 其二　當世具足並非無懈可擊的武裝，仍存在著縫隙。

✳ 其三　要在近距離武器混戰中刺擊敵人的要害，長槍等長柄武器較有效。

看「馬印」或「旗印」便可得知大將的所在地

主題 馬印與旗印

兩軍交戰中，指揮官等級的武將所在處會有「旗印」或「馬印」這類識別標誌。是透過舉旗來告知所在地點。

居然標示自己的所在處，真英勇呢。

馬印持（手舉馬印的旗手）是不允許跌倒掉印的，因此會牢牢握住。

絕對不能跌倒喔。

是！

① 用來找到交戰指揮官的馬印與旗印

　　若要在交戰之際快速找到作為指揮官的武將，搜尋馬印是最快的。**先確認馬印的位置以掌握敵方指揮官現在位於何處，接著再思考該攻擊何處較為有利。**順帶一提，在戰國時代之前都是使用旗印，如武田信玄的旗印「風林火山」便聞名遐邇。

2種標誌的差異為何？

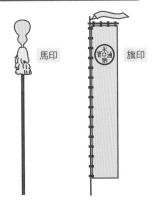

馬印　　　　旗印

從戰國時代以前就持續使用的旗印，是將旗子綁在棍棒或竹竿上製成的。馬印則是在戰國後期才登場，根據武將分別打造出外型別具特色的標誌。

② 手持旗幟的士兵增加 馬印就此誕生

戰國時代之所以出現馬印，**是因為手持旗幟的士兵變多而無法辨識身為指揮官的武將之位置**。名為馬印持的士兵會站在騎著馬的指揮官旁邊，一直拿著長棍前端經過雕琢而成的標誌，所以從遠方便可確認。

知名戰國大名的標誌

織田信長的旗印
繪有中國明朝時期（14～17世紀前後）的貨幣「永樂通寶」。

武田信玄的旗印
寫著紀元前500年前後中國春秋時代所編寫的兵書《孫子》中的一段話。

疾如風 徐如林 侵 掠如火 不動如山

石田三成的馬印
讓用於注連繩、名為四手的紙條從竹竿前端的圓圈上垂下，打造成可隨風飄揚。

豐臣秀吉的馬印
金色葫蘆倒立而成的形狀。每次打勝仗便會增加葫蘆數的傳聞是假的。

馬印與旗印的三條準則

※ 其一　馬印或旗印是用來顯示交戰指揮官所在處的標誌。

※ 其二　為了區分出騎馬武者而開始使用馬印。

※ 其三　以馬印或旗印標示武將的存在感，藉此提高士兵的士氣。

93

為了凸顯自己 而在背後插旗來戰鬥

主題	指物旗	馬印或旗印為指揮官武將之象徵，而「指物旗」則是用來確認每一名士兵。

指物旗的種類

士兵的旗幟有2種形式。乳付旗與縫含旗都是正方形或是正方形1.5倍大的長方形。

> 有了這個就能分辨敵我了呢。

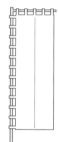

縫含旗

將要固定於旗桿上的部位以袋縫技法加以縫合，是直接縫合於竿子上，所以強韌且牢固。這種形式的旗子到了戰國後期開始變多。

乳付旗

乳是指用來將旗子穿過竹竿的圓圈，長為一丈二尺（約3.6m），十分龐大。

① 旗幟是在戰場上辨別敵我之用的重要配備

在敵我雙方進入混戰的戰場上，會變得難以區分敵我。因此**每名士兵背上都會背著旗子作為區別之用**。乳付旗與縫含旗為軍用旗，作為旗幟來使用時，攤開來約為3.6m，面積相當龐大。

旗子的插法

旗子是利用裝設在士兵背後的器具加以固定。

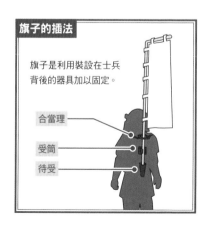

合當理

受筒

待受

指物旗
有分軍中統一用與辨別個人用的2種旗幟。

笠印
掛在頭盔的前後，用以顯示敵我之分。除了笠印外，還有袖印、刀印等。

　　軍裡也有統一設計的旗子，而士兵個人使用的旗子屬於「個人指物旗」，**只要獲得上級的許可，便可自由地設計**。因此有愈來愈多士兵為了在交戰中更為活躍或是引人注目，而打造出設計華麗的旗子，戰場上就此充滿了色彩鮮艷的旗子。

暗號
在丟失標記的情況下，則是透過交換事先訂好的暗號來分辨敵我。如果無法立即講出暗號，有時即便是自己人也會遭到砍殺。

袖印
袖子上也會固定著辨識敵我的標記。右側要把弓箭或長槍往前推進，故而將標記固定在左側。

刀印
固定在刀或弓邊緣處的標記，往右纏繞或纏於一處等，根據纏繞方式來識別是敵是友。

指物旗的三條準則

✳ 其一　用來辨識個人的旗子稱為「指物旗」。

✳ 其二　有分軍中統一設計的通用旗子與個人所屬的旗子。

✳ 其三　「指物旗」的設計以惹眼為第一優先。

知識度 ★★★★★

不只人類，馬也很辛苦！
被迫穿上鎧甲馳騁沙場

主題	騎馬	騎馬出現在戰場的都是地位較高的武將。會有好幾名負責支援騎乘武者的隨從同行。

馬具

日本國內也從古代遺跡中挖出了「馬具」。

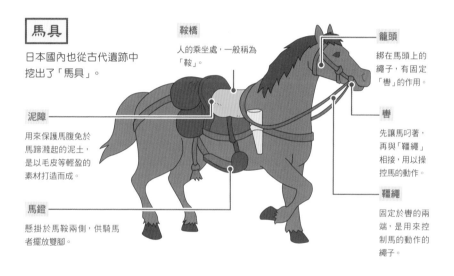

鞍橋

人的乘坐處，一般稱為「鞍」。

籠頭

綁在馬頭上的繩子，有固定「轡」的作用。

泥障

用來保護馬腹免於馬蹄濺起的泥土，是以毛皮等輕盈的素材打造而成。

馬鐙

懸掛於馬鞍兩側，供騎馬者擺放雙腳。

轡

先讓馬叼著，再與「韁繩」相接，用以操控馬的動作。

韁繩

固定於轡的兩端，是用來控制馬的動作的繩子。

① 會有多名隨從拿著馬具跟著一起走

騎馬需要大批人員。

　　除了武者所坐的「鞍」、控制馬的「韁繩」與「轡」外，還需要固定「轡」的「籠頭」、騎乘用的「馬鐙」等馬具。再來還要有用來擋泥以保護馬腹的「泥障」，而因為尚無蹄鐵，所以也需要「馬草履」。**騎馬武者必須具備較高的地位，以及足以養馬並備齊馬具的經濟能力。**

② 馬也要配置重裝備，否則會成為敵人攻擊的目標

誠如「射人先射馬」這句話所言，**要擊倒騎馬武者理應先攻擊馬**。因此馬本身也必須配置重裝備。「馬鎧」與「馬面」都是針對馬的要害與弱點進行防禦，馬的全身都會穿戴一種在麻布上加裝皮革與鐵片等所製成的護具。馬在戰場上格外顯眼，因此遭鎖定的機率較高。

騎馬武者的裝備

騎著馬的武將身旁都必須有好幾名隨從伴隨左右。

騎馬武者
跨坐在加了重裝備的馬上，以長槍從馬上進行攻擊。

荷物持
搬運人員，負責搬運騎馬武者的各種工具。

槍持
拿著騎馬武者所用的長槍行走，在緊急時刻交給武者。

侍從
輔佐騎馬武者的武士。

馬丁
負責照顧馬的人員，前進時會抓著轡來控制馬。

馬的鎧甲

就像武將的裝備一樣，馬全身都會穿戴鎧甲，保護身體抵擋敵方射出的箭或揮下的刀劍。

嘶嘶～

馬面具
鼻子是馬的要害，一旦遭受攻擊就會橫衝直撞，因此以皮革或薄鐵片遮覆整張馬臉。設計成龍的造型來震懾敵人。

馬鎧
在麻布上織入鐵片或皮革來提高防禦性。

騎馬的三條準則

✳ 其一　騎馬者身旁會跟著幾名負責照顧馬的隨從。

✳ 其二　騎馬需要許多馬具，因此必須具備豐厚的財力。

✳ 其三　馬本身也配戴著和人類同等級的重裝備。

和平的江戶時代，武士們對鎧甲的穿法一竅不通

不再征戰後，鎧甲成了單純的裝飾品！

鎧甲對武士而言是重要的裝備。然而，到了和平的江戶時代後沒了戰役，眾多武士便不再穿著鎧甲。祖傳的重要鎧甲必須好好保管，但後來變成只在過年或端午節時擺放的裝飾品。當中也有人因生活困頓而變賣了鎧甲，也有人敷衍了事，為了維持武士的門面而只保留收納用的具足櫃，並在裡面塞滿了石頭。到了幕末，外國船隻來航而需要穿上鎧甲，但很多人都不知道怎麼穿，據說市面上甚至出現加了插畫的「鎧甲穿法書」。

忍者 之卷

在背地裡支援戰國武將的諸多忍者

忍者能巧妙運用武器與忍術，在戰國時代的幕後暗中謀動。在此將一一揭開他們隱藏在一層神祕面紗底下的生態。

忍者必須有一顆不屈服於欲望的心

主題　**忍者守則**　一般要求忍者必須具備一顆堅定的心（不動心），以便執行戰國武將們交付的任務。忍者要不屈服於欲望，誓死效忠於主君。

忍者在精神上也極其堅韌。

大名：交給你們了。

遵命！

派遣忍者

伊賀與甲賀的忍者們會被派遣到日本各地戰國大名的身邊，在該大名的聘僱下工作。

① 為了探知敵方情報武將啟用了忍者

戰國時代有眾多的武將互相爭霸，**忍者為了取得敵方情報而在暗中行動**。伊賀與甲賀為著名的忍者之鄉，這裡的忍者會接到無數來自各地大名的拉攏。也有些武將像武田信玄、上杉謙信與伊達政宗一樣，自行建立了獨有的忍者集團。

忍者軍團的形成

武田信玄、上杉謙信與伊達政宗等武將都在自己的領地上進行訓練，建立獨有的忍者集團。

沙沙沙沙……

寫下誓願書

在學習忍術時會寫下誓願書，約定絕對不會把學到的忍術教給他人。

② 內心的迷惘與欲望為任務的大敵

一旦內心混亂，忍者的任務便無法成功。因此忍者會向自己侍奉的主君或殿下宣誓效忠，丟棄內心的迷惘。此外，心存欲望便會無法集中於任務而失敗，**因此忍者平日便一直過著抑制欲望的生活。**

忠信仁義

忍者會對自己侍奉的主君宣誓絕對的忠誠。即便犧牲自己也會達成任務。

金錢

女性

酒

不動心

忍者有著面對任何事物都不為所動的堅強內心。為了避免因屈服於自己的欲望而導致任務失敗，忍者平日便過著抑制欲望的禁慾生活。避免禁不起金錢、酒或女人的誘惑。

忍者守則的三條準則

- ※ 其一　學到的忍術不得教給他人。
- ※ 其二　為了捨棄內心的迷惘而向主君宣誓忠誠。
- ※ 其三　應從平日便過著禁慾的生活以免抵擋不住欲望。

知識度 ★ ★ ★ ★ ★

唯有具備最高級技能的忍者方能稱為「上忍」

| 主題 | 忍者能力 | 身心健康、十八般武藝樣樣精通且連名字都不留，這樣的忍者被視為最高等級的忍者，稱之為「上忍」。 |

能成為
上忍的人
少之又少。

溝通能力

在對話中利用對方的感情或欲望。如此一來便可打探出想知道的情報，或是隨心所欲地操控對方。

① 具備實力的優秀忍者稱為「上忍」

電影或漫畫中所描繪的忍者大多將身分區分為上忍、中忍與下忍，**現實中的上忍也是指實力出色的忍者。**

在忍術相關的祕傳書籍《萬川集海》中，僅符合10項條件的人方能稱為上忍。

健康

身心健康對忍者而言至關重要。忍者會為了執行任務而奔走或翻山越嶺，所以一般會要求體力。

也擅長舞蹈。

技藝 忍者還必須要有詩、文章、舞蹈、模仿等藝術或表演的才能。忍者有時會變裝成以賣藝為業的人，因此不得不學會各式各樣的技藝。

原來如此。

勤學 優秀的忍者非常好學。記載著作戰方式的兵法書自不待言，還會為了製作火藥或藥物而學習藥學，廣學各種知識。

旅行 曾遊歷各國，熟知每塊土地的特色及當地居民的特徵，這些也是優秀忍者的條件。

② 想成為上忍還會要求心理素質

想成為上忍就必須得符合以下10個項目。忍者可說是既會運動又會讀書，且個性優良的超級菁英。

成為上忍的十項條件

❶ 具備忍者的心理素質，
   活力充沛又健康的人
❷ 有情有義、寡欲、彬彬有禮的人
❸ 溝通能力絕佳的人
❹ 學習儒教與佛教，已領悟生死有命的人
❺ 可以為主君而死，對兵學感興趣，
   具備英雄氣質的人
❻ 不喜歡與人爭論，溫柔但具威嚴的人
❼ 妻兒不可能背叛的人
❽ 經常遊歷諸國，
   熟知各地氣候與居民的人
❾ 忍術水準高，
   在軍事方面也有鴻圖大志的人
❿ 可臨機應變展現詩文、舞蹈、模仿等
   各種技藝的人

忍者能力的三條準則

✳ 其一　最高等級的忍者即稱為上忍。

✳ 其二　要成為上忍須具備十八般武藝。

✳ 其三　除了技能以外，還須具備忍者的心理素質。

忍者的走路方式極其安靜，不會發出腳步聲

主題	忍足	接近對手或潛入家中時，忍者會採取不會發出腳步聲的祕技，稱之為「步法」。

忍者的走路方式據說超過10種。

① 不會發出腳步聲的忍者技法：「步法」

　　忍者都曾學習一項名為「步法」的技能，可以在走路時不發出腳步聲，避免被敵人察覺。步法的種類多樣，忍者會根據所處的狀況、宅邸或城堡等潛入地點來分別運用。為了消除氣息，連走路方式都格外講究。

浮足法

在落葉堆積的山路等處，為了避免發出腳步聲，會使用浮足法。先以腳尖接觸地面，再緩緩讓腳跟著地來行走。

橫走法

背部貼著牆壁或圍牆行走即為橫走法。沿著牆緣而走，所以優點是不會遭受來自背後的攻擊且不易被對手察覺。

② 要學會步法 需要嚴苛的修業

在步法當中，有些是以動物的走路方式為範本。其中還有以四肢伏地移動的犬跑法，用於無法站立行走之處。無論學習哪種步法都需要嚴厲的修業，最難學的便是深草兔步法。

深草兔步法

腳踩在自己雙手手背上行走即為深草兔步法。不會發出腳步聲，因此即便經過入睡的人附近，對方也不會醒來。

嗷嗷！

狐跑法

模仿狐狸的走路方式即為狐跑法。四肢伏地，腳維持踮起腳尖的狀態前進。用於地板下方或閣樓裡。

忍足的三條準則

✻ 其一　行走時不能發出腳步聲以免被敵人察覺。

✻ 其二　應根據狀況改變行走方式。

✻ 其三　在地板下方或閣樓裡應像狐狸般四肢伏地行走。

忍者練就了一身
世界紀錄等級的絕佳跳躍力

| 主題 | 跳躍力 | 忍者會透過嚴苛的修業練就優異的跳躍力，以便在高處活動或翻越圍牆。 |

跳躍動作

為了練就跳躍力，
還鍛鍊了腳趾的
力量呢。

潛入敵方城堡或宅邸時，若是不光靠腳力，
也運用臂力，即可翻越過更高的地方。

我跳！

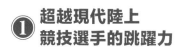

① 超越現代陸上 競技選手的跳躍力

　　根據繼承甲賀流忍術的藤田西湖先生所言，忍者可以立定跳高至2.73m，往前則可以跳遠至5.46m。**這是超越了奧林匹克陸上競技紀錄、相當令人吃驚的數值。**此外，據說忍者還能夠從15m的高處一躍而下。

飛神行①

吊掛在樹枝上來訓練臂力的修業。也會進行名為「飛猴」的技能訓練，即模仿猴子的動作在樹木間跳躍移動。

② 透過修業的累積 練就跳躍力

為了練就跳躍力，**除了接受所謂飛神行的修業外，還會藉由從地面挖掘的洞穴裡跳出來的訓練來鍛鍊腳力**。忍者有時也要從高處跳下，這時會誦讀「臨兵鬥者皆陣列在前」的咒語（九字護身法）來消除內心的恐懼。

飛神行②

藉由倒立來訓練臂力。僅以大拇指與食指來支撐身體，也藉由這個訓練強化了手指的力量。

啪啪！

雙手著地來分散衝擊力道

忍者的著地動作

從高處跳落時，不光雙腳，雙手也會著地，藉此緩和衝擊力道。

跳躍力的三條準則

✳ 其一　應透過修業練就跳高之力。

✳ 其二　不僅限於雙腳，手臂也應加以鍛鍊。

✳ 其三　跳下時應運用減弱衝擊力的著地動作。

「分身之術」的真面目 是使用催眠術的一種詭計

主題	忍術	漫畫中登場的忍者經常使用的分身之術並非真的分身，而是使用催眠術。

哪個才是本尊！？

分身之術

一個人分裂成好幾個人的忍術。一般認為就像現代的魔術般，是利用觀看者的錯覺。

① 這麼做便可一人 分裂出多個分身

忍者也使用過不可思議的祕技。

出現在漫畫之類的忍者，會使用一人分裂成多人的分身之術。分身之術有「以驚人的速度移動，利用視覺錯覺讓人看起來有好幾個人」與「幾名臉蛋與身姿相似的人並排，讓人看起來像是分身了」等說法，不過**對觀看者施展了催眠術的說法最具有說服力**。

② 也會利用戲法、雜技、巫術或占卜

　　一般認為忍者所用的不可思議之術，**是利用了戲法或雜技等技能**。此外，忍者也會依賴巫術或是占卜以度過難關。比方說，在隱身之時忍者會誦讀「嗡摩利支依梭哈」的咒語。這是蘊藏著「摩利支天菩薩」之神力的語言。

吞牛之術

為了混淆對方視聽而施展彷彿吞下一整頭牛的幻術。據說是忍者加藤段藏的拿手絕活。

化身為鼠之術

據說會施展神奇幻術的果心居士即便遭敵人逮住而被綁起來，也能變身成老鼠逃出。

巫術

只要在決勝負或戰鬥之前先唱誦2次「天上鳴弦雲上歸命頂禮」，便能具備足以應付任何困難的力量。

首飾勾玉之祕傳

使用首飾占卜各種事情。

繩占卜

利用繩子、鹿或豬的骨頭來進行占卜。占卜具有斬斷迷惘的效果。

忍術的三條準則

✳ 其一	施展催眠術讓對手看見幻象。	
✳ 其二	戲法或雜技也被當作忍術祕技來運用。	
✳ 其三	利用巫術或占卜斬斷迷惘。	

知識度 ★ ★ ★ ★ ★

手裏劍不僅有扁平狀的，還有細長條的棒狀

| 主題 | 手裏劍 | 作為忍者武器而聞名的手裏劍中，有扁平狀的平型手裏劍及狀如棒子的棒手裏劍。 |

手裏劍的種類

除了漫畫或是電視劇中經常出現的四方（十字）手裏劍以外，還有各式各樣的形狀。刀刃數愈多則愈容易命中對手。

看招！

四方(十字)手裏劍

六方手裏劍

卍字手裏劍

三方手裏劍

① 薄鐵片型的即稱為平型手裏劍

因為是鐵製品，所以很重呢。

　　漫畫或電視劇中較常用的手裏劍呈薄鐵片狀，稱之為平型手裏劍。**平型手裏劍的攻擊力不太高，所以有時會在刀刃部位抹毒**。採取的用法是在岌岌可危之時丟向敵人，再趁對方畏縮躲避時逃走。

② 較常使用棒手裏劍

出於製作容易且便於攜帶等理由，忍者使用棒手裏劍的次數多過於平型手裏劍。棒手裏劍的外型為筆直的棒狀，因此在威力上比平型手裏劍還要大，但是較難命中敵人。手裏劍為沉甸甸的鐵製品，因此只能夠少量攜帶。另外還有狀如原子筆的圓桿型、鋒利尖銳的刺刀型、如刀子般的小刀型等。

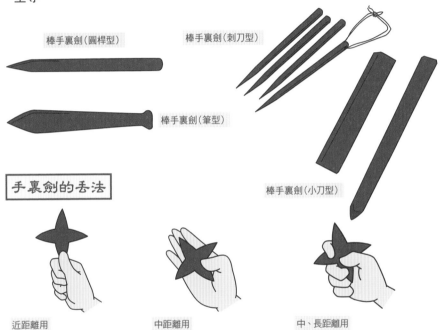

棒手裏劍（圓桿型）

棒手裏劍（刺刀型）

棒手裏劍（筆型）

棒手裏劍（小刀型）

手裏劍的丟法

近距離用

用大拇指與食指夾住的握法。不好施力，所以是朝近距離的對手丟擲。拿著時不會傷到手，所以也可以抹毒。

中距離用

將手裏劍平放在手掌上，用大拇指壓住。掌心可能會被手裏劍的刀刃所傷，所以不會抹毒。

中、長距離用

以食指扣著握住，命中率會變高。手裏劍會旋轉著飛出去，因此可以飛至遠處。

手裏劍的三條準則

* 其一　並非要打倒敵人，而是在逃跑時使用。

* 其二　意外地重，所以只少量攜帶。

* 其三　如果想確實打倒對手則應該抹毒。

忍者用刀子來「刺擊」而非「砍殺」

主題	忍刀	武士與忍者的戰鬥方式各異，因此忍者所用的刀和武士刀在外型上有些微不同。

打刀與長脇差的差異

打刀（武士所用）

一般武士所持的刀具。有彎度，所以用砍向對手的攻擊方式會比筆直刺擊更為合適。

長脇差（忍者所用）

武士不用，農民等較常使用。忍者則是使用長脇差中尺寸最大的刀。

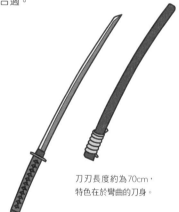

刀刃長度約為70cm，特色在於彎曲的刀身。

下緒

刀刃長度為54.5～60.6cm。特色在於微微的彎度。

① 忍者的刀較短，以刺擊的方式攻擊對手

忍者的刀很方便喔。

　　忍者也會像武士般使用刀具作為武器，**不過忍者所用的刀稱為長脇差，比武士刀還要短**。相較於武士的刀，長脇差的刀刃形狀近乎筆直，因此筆直刺擊對手的攻擊方法比斬殺更為合適。此外，長脇差的刀刃較短，故可快速拔刀戰鬥。

② 刀鞘上加了約3m的長繩

忍者的刀特徵在於刀鞘上加了長繩（下緒）。一般武士所用的刀繩長度大約為1.5m，但是忍者所用的刀刀繩大約為3m。**忍者會活用這條長繩，不單把刀具作為武器，還會把長繩充當方便的道具，運用各種不同的使用方法**。

座探之術

在潛入的房間一片漆黑，什麼都看不見的情況下，把下緒叼在嘴裡，讓刀鞘朝向前方，邊走邊探路。如果碰上敵人，則嘴巴鬆開下緒讓刀鞘掉落，再以刀子攻擊。

防禦繩

在房間入口的低處拉開刀鞘上的刀鞘下緒，敵人一進門就會因為腳勾到繩子而絆倒。

止槍之術

如果持刀者與持長槍者對戰，一般都是持長槍者可以從遠處攻擊而較為有利。此時忍者會善用下緒，當敵人以長槍刺擊過來時便以下緒纏住並奪過長槍。

啊啊⋯⋯

忍刀的三條準則

✳ 其一　忍者的刀應用來刺擊而非砍殺。

✳ 其二　利用固定於刀鞘上的下緒絆倒對手。

✳ 其三　利用下緒奪走對手的武器。

知識度 ★★★★★

也會利用農用工具 充當武器

| 主題 | 忍者的武器 | 忍者連農具或植物都能用來充當武器。致力於改造一切物品，打造出各式各樣的武器。 |

撒菱

踩到撒在地上的撒菱會受傷，因此可阻饒
敵方的行動，藉機逃脫。

別踩到喔。

① 將乾燥後的水草果實 製成逃走用的武器

各種物品都
成了忍者的
武器。

　　忍者也會使用刀或手裏劍以外的武器。**較知名的便是阻饒追兵腳步的**
「撒菱」。原本是將名為「丘角菱」的水草果實乾燥後使用，後來也開始
使用木製的「木菱」、竹製的「竹菱」與鐵製的「鐵菱」。

② 忍者連農具都化為武器

　　忍者也會把原本屬於農業工具的農具當作武器來運用。在用來割草的鐮刀上加上鏈條所製成的鎖鐮，也是相當知名的忍者武器。**在手背上裝了鐵爪的手甲鉤原本也是農具**。這些武器有別於刀或長槍，拿在手上也不會被認為是武器而招致懷疑。

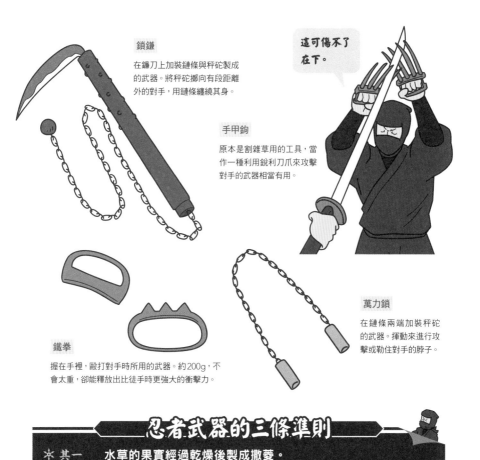

這可傷不了在下。

鎖鐮

在鐮刀上加裝鏈條與秤砣製成的武器。將秤砣擲向有段距離外的對手，用鏈條纏繞其身。

手甲鉤

原本是割雜草用的工具，當作一種利用銳利刀爪來攻擊對手的武器相當有用。

萬力鎖

在鏈條兩端加裝秤砣的武器。揮動來進行攻擊或勒住對手的脖子。

鐵拳

握在手裡，毆打對手時所用的武器。約200g，不會太重，卻能釋放出比徒手時更強大的衝擊力。

忍者武器的三條準則

✳ 其一　　水草的果實經過乾燥後製成撒菱。

✳ 其二　　把農民所用的農具也製成武器。

✳ 其三　　利用鐵拳強化拳頭的衝擊力。

收集情報或散播假情報也是忍者的工作

| 主題 | 忍者工作 | 自己的國家與敵國打仗時,忍者會收集情報或施展謀略,引導戰事有利於己方。 |

像現代的間諜或游擊隊般活動。

① 武將是根據忍者所取得的情報來作戰

忍者會潛入敵區探查敵國的動向或祕密等。變裝混入敵區、尾隨目標人物、溜進閣樓裡偷聽等,忍者必須用盡所有手段收集情報並回報自己的國家。**武將便根據那些情報來考慮如何與敵國作戰。**

最近狀況如何?

情報收集

為了了解敵方情報,忍者會變裝並潛入敵人的城堡或宅邸。有些會喬裝成敵區的居民,長期在敵國生活,並收集該地的情報。

這傢伙是叛徒。

② 在戰場上利用假情報混淆對手

忍者有時也會潛入敵區並散播假情報，或是在建築物等處放火等，讓對手陷入混亂。暗殺敵方重臣也是忍者的工作。對忍者而言，一般士兵不會執行的幕後工作也是重要的任務。

防諜

打倒潛入自己國家的敵方忍者，或找出洩漏情報的叛徒。

敵人好像逃出去了。

謀略

潛入敵國當中散播假情報，藉此讓敵國陷入混亂。

破壞工作

潛入敵區，在建築物或囤放的糧食上縱火。有時也會打造陷阱來阻撓敵方的行動。

忍者工作的三條準則

* 其一　潛入敵區收集情報。
* 其二　與敵方忍者對戰以免己方情報流出。
* 其三　散播假情報讓敵方陷入混亂。

忍者穿的衣服是褐色或藏青色而非黑色

主題 忍者裝扮

忍者身上穿的服裝是為了融入風景而不惹人注目。有時還會變裝以免太顯眼。

配置大量口袋

羽織

上半身的羽織內側會有口袋，裡面裝了火藥或藥物等。

草鞋

腳上穿的草鞋有時也會染成暗色，以免太過顯眼。

足袋

為了避免發出腳步聲，忍者會在足袋底部加上棉絮。

① 黑色服裝是夜用的任務服

這種裝扮在白天反而會太顯眼，所以沒有這麼穿。

　　出現在電影或漫畫中的忍者身上所穿的忍者裝扮是夜用服，在白天這麼穿反而會引人注目。夜用服的顏色漆黑，但實際上是深褐色或藏青色、柿澀色（又紅又黑的暗色）。**因為是尚無照明的時代，所以沒必要穿得一身黑，只要是樸素的深色便足以隱藏身影**。白天除了穿上平民的服裝外，也會為了潛入而變裝成各式各樣的職業。

白天的忍者

白天的忍者主要會變裝成7種職業。此謂「七方出」。

猿樂師

表演舞蹈或模仿等技藝的猿樂師也會負責取悅大名。變裝成猿樂師便可潛入敵國而不引起懷疑。

山伏

宗教「修驗道」的修行者。他們走遍形形色色的國家，很適合作為潛入敵國時的變裝角色。

出家僧侶

變裝成佛教的僧侶，即可進入有各種立場的人們聚集的寺院而不被懷疑，取得重要的情報。

深編笠

放下師

在路上表演戲法或雜技等的人即稱為放下師。變裝成這些人，不僅可以從人們身上收集情報，還能自然地和同夥交換情報。

商人

變裝成在各種地方邊走邊販售商品的行商，便可進入目標宅邸等而不引人疑竇。

一般人(平民)

只要喬裝成鎮上的居民，便可在敵區生活並收集情報而不招人懷疑。除了鎮上居民之外，有時會假扮成農民或武士。

虛無僧

虛無僧是指佛教宗派「禪宗」的僧侶。習慣以深編笠遮蓋臉部，因此只要變裝成這個模樣，就不會被看到面貌了。

忍者裝扮的三條準則

* 其一　　夜晚應穿上樸素的深色衣服。
* 其二　　白天穿上忍者裝束會很顯眼，所以都是一般打扮。
* 其三　　為了潛入敵區而做各式各樣的變裝。

在枴杖或扇子裡
藏刀子讓敵方大吃一驚

主題	隱藏式武器	忍者慣用乍看之下不像武器的「機關型武器」。想必讓敵人大大降低了戒心。

原來不是拐杖啊……

機關杖（鎖鏈）

在拐杖裡藏入加裝秤砣的鏈條。可用鏈條纏住並奪取對手的刀，亦可利用鏈條綑綁對手的身體。

機關杖（長槍）

在拐杖中藏了長槍的武器。變裝成拄著拐杖的老人，即可刺出長槍攻擊掉以輕心的敵人。

① 忍者在變裝時會使用機關型武器

輕忽為人之大敵，這句話說得真好。

　　所謂的機關型武器，是指將武器藏入拐杖等日常生活所用的物品之中。當對方以為己方未持有武器而鬆懈之時，即可用機關型武器來攻擊。只要變裝成老人或傷者，拄著拐杖一點也不奇怪。使用機關型武器大多是在變裝的情況下。

噢嗚！

機關杖（刀）

拐杖中藏了刀。以前是以徒步為主要的移動方式，很多人都會使用拐杖，所以拿拐杖也不會引人疑竇。

② 通常是藏刀、鏈條、毒藥或辣椒等

順帶一提，戰國大名上杉謙信也有使用過機關拐杖。謙信用過的機關拐杖仍保留至現代。**拐杖中裝有刀、鏈條、長槍、毒藥或辣椒等**。除了拐杖外，也在煙管、扇子等藏了武器加以利用。

我、我的眼睛……

機關杖（攻擊眼睛）

在拐杖前端藏入辣椒，往敵人的臉上撒，即可在敵人畏縮時趁隙逃走。

錫杖

機關刀

錫杖

變裝成山伏時，會在手中拿的錫杖裡藏刀子。不僅限於刀具，有時也會藏鏈條。

機關扇

在扇子的扇面部位或是握柄部位藏入小型刀刃，除了用來砍殺或刺擊外，還會如棒手裏劍般使用。

隱藏式武器的三條準則

✻ 其一　在拐杖、煙管、扇子等用品裡面藏武器。

✻ 其二　藏入刀、鏈條、毒藥或辣椒等。

✻ 其三　在對手鬆懈之時使用機關武器。

知識度 ★ ★ ★ ★ ★

忍者必定隨身攜帶的是
方便的道具而非武器

| 主題 | 忍具 | 忍者到遠地執行任務之際必定會攜帶6項工具。是進行特殊工作時不可或缺之物。 |

踏上旅途時
絕對會帶著
這些工具。

鉤

繩

鉤繩

裝了金屬鉤爪的長繩。於爬牆或綑綁敵人等時候使用。

① 忍者任務中
不可或缺的6項工具

　　「鉤繩」、「三尺手巾」、「石筆」、「打竹」、「編笠」與「印籠」——這些是忍者潛入敵營的途中不可欠缺的必備用品，稱為「六大忍具」。**如有需要也會準備刀或手裏劍，但忍者六大忍具的重要性更甚於武器。**

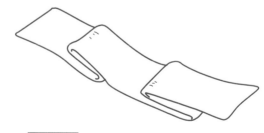

三尺手巾

三尺（約91cm）的手巾。用途十分多樣，可作為繃帶使用，或是過濾泥水去除雜質得到乾淨的水來飲用。

石筆

像粉筆般可以寫字的工具。寫下記號或暗號等的時候所用，為的是傳遞夥伴的情報。

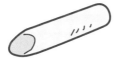

拿下蓋子後將
火種裝入

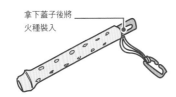

打竹

裡面裝了火種（指引火的小物）的竹筒。使用火藥或是烹製料理的時候，便使用裡面的火種。

② ## 旅人與忍者所用的用具別無二致

江戶時代的旅行書《旅行注意事項集》中介紹了旅人應該攜帶的便利用具，這些用具和「六大忍具」不謀而合。因為和旅人所帶的用具沒有兩樣，所以即便看到忍者攜帶也不會產生懷疑。

編笠

下雨時或是為了遮陽而戴。可以遮住臉部這點也正合己意。

這裡往上拉就能
打開蓋子

印籠

用來裝藥的小盒子。不光是創傷藥，還會放入安眠藥或是毒藥等備用。

忍具的三條準則

✳ 其一　　去較遠的地方時應攜帶六大忍具。

✳ 其二　　只有 6 項工具，所以不會很累贅。

✳ 其三　　和旅人的用具一樣，所以無須擔心招人懷疑。

說謊並侵入敵國
以便收集情報

主題	情報收集	在敵國收集情報時，不光要變裝以免被懷疑，還要事前收集敵方的情報。

情報的收集方式

近入之術

潛入戰爭中的敵國，或是即將要開戰的敵國收集情報。利用「妖者之術」變身成老人、乞丐或山伏等。

① 變裝成弱小無害之人 來隱藏真實身分

一旦遭人懷疑，等同任務失敗。

　　為了收集情報而潛入敵國時，忍者會格外留意不招人懷疑。因為從被懷疑是不是忍者的那一刻起，任務便宣告失敗了。忍者會變裝以免暴露真實身分，但都是扮成老人、乞丐等手無縛雞之力的無害之人。此即所謂的「妖者之術」。

遠入之術

花數月或數年的漫長期間
扮成居民，待在敵國生活
並收集情報。

② 事前也會確實收集敵方情報

在潛入之前先調查好敵方情報，即稱為「略本術」。忍者會透過略本術調查出敵方的旗幟、家紋、家族結構，還有主要家來的名字、宅邸、領地位置、身在他國的親戚、與敵軍主要人物的交友關係等，試圖探查出詳盡的情報來找出弱點。

利用略本術找出可乘之機

敵軍幹部的情報

調查幹部的姓名、家裡有哪些成員、家紋與所屬單位。

在下與○○大人
相識。

交友關係

有時也會調查敵方當中地位較高者的交友關係，並利用其名字。

情報收集的三條準則

✳ 其一　若在潛入敵國時遭到懷疑，任務便宣告失敗。

✳ 其二　變裝成弱小無害之人。

✳ 其三　還要事先收集敵方情報以免招人懷疑。

知識度 ★ ★ ★ ★ ★

模仿貓或老鼠的叫聲
來引開敵人的注意

主題	模仿動物叫聲	潛入宅邸後，快被敵人發現時，便模仿貓或老鼠等動物的叫聲掩飾過去。

喵嗚喵嗚～

模仿貓叫聲

潛入宅邸後，在庭院裡快要被敵人發現時，便以貓叫聲蒙混過去。

① 無法消除氣息時
便使用欺敵的忍術

忍者很擅長
模仿動物的
叫聲。

　　潛入敵人宅邸時，忍者會消除自己的氣息以免被察覺。然而，無論是多麼優秀的忍者也無法完全消除氣息。快要被敵人發現的時候，**忍者會模仿動物的叫聲，讓對方以為自己弄出的聲響是來自動物**。

② 也會利用事先備好的動物來掩人耳目！

　　忍者不僅會模仿動物的叫聲，有時也會利用真正的動物。潛入敵人宅邸後，不小心發出聲響時，忍者便會放出事先備好的老鼠，讓人以為是老鼠發出的聲音。此外，忍者有時還會利用經過訓練而雙手十分靈巧的猴子來開門。

模仿老鼠叫聲

藏身於閣樓快被發現的時候，便模仿老鼠的叫聲。有時也會利用備好的真老鼠來蒙混過去。

模仿狗叫聲

養狗的家庭不在少數，野狗也多不勝數，因此模仿狗叫聲來掩飾氣息再適合不過。

模仿動物叫聲的三條準則

* 其一　　模仿動物叫聲來轉移敵人的注意。

* 其二　　平日就該進行狗、貓、老鼠等模仿練習。

* 其三　　偶爾使用真的老鼠來蒙騙敵人。

要逃離敵人時，
會使出火遁或潛入水中

主題	遁逃術	忍者在逃跑時所使用的祕技即稱為遁逃術。利用火或水等，華麗地甩開追兵。

忍者很擅長用火。

① 藉著用火的祕技逃離敵人

被敵人逮住而敗露了任務機密的話非同小可。為了要逃離敵人，忍者會使用名為「遁逃術」的祕技，但有時也會運用火。在**宅邸縱火，當對方害怕時再趁隙逃脫。**

若是在草原，有時也會燒草來阻攔對方前進。

哇啊！

再會了！

火遁之術

燃燒草原上叢生的雜草，在自己與敵人之間打造出一道火牆。利用火焰拖住敵人的行動，趁這空檔逃之夭夭。

**使用竹筒潛入水中
是騙人的！？**

漫畫上經常會出現忍者潛入水中時利
用竹筒吸氣的畫面，但實際上這樣不
但難以呼吸，還會因為竹筒而更容易
被敵人發現，所以忍者不會使用竹筒
而是閉氣。

② **跳入水中
逃離追兵！**

利用水的遁逃術稱之為「水遁之術」。**忍者會藏進城池周圍的護城河、河川或池子等，躲過追兵**。在水中移動時，為了避免被敵人發現，忍者會採取一種稱為「爬泳」的游法，以免濺起水花或發出聲音。

百雷槍

如鞭炮般會接連發
出巨大的聲響。敵
人受到聲音驚嚇時
便趁隙逃跑。

點火便會連續爆炸

白花八角

只要將白花八角的油
抹在身上，即使進入
水裡後體溫也不太會
下降。

在哪裡？

水遁之術

躲進河川或護城河等水中。為了能長時間
潛水，忍者從平日就在進行訓練。

遁逃術的三條準則

✳ 其一　　會暴露極機密情報，所以不能被敵人逮住。

✳ 其二　　趁敵人受到驚嚇時逃之夭夭。

✳ 其三　　如要避免被敵人發現，應逃進水中。

爬到樹上或蜷縮於暗處來瞞過敵人耳目

| 主題 | 隱形術 | 潛入敵區後，快被敵人發現時，使用隱形術隱藏自己身影來逃過一劫。 |

沒看到人呢～

狸隱術

爬到樹上隱藏的忍術。人不太會注意頭頂，所以忍者會使用鉤繩等迅速爬上樹，讓對方找不到自己。

① 忍者具備很多不被敵人發現的忍術

忍者被敵人發現是不被允許的。

　　潛入敵區的忍者會盡量避免被敵人發現，當敵人靠近時便運用忍術來隱藏身體，這種忍術即稱為「隱形術」。**有樹的地方就爬上樹，有池子的地方則潛入池中，巧妙地運用當下的場所。**

鵪鶉隱

縮起手腳與脖子並捲成一團的隱身術。藏身於石頭等處的陰暗處,避免從外觀看到較顯眼的肌膚。

　　戰國時代有別於現代,沒有電力,入夜後若月亮不露臉,便會一片漆黑。因此,把身體蜷縮成一團藏身於岩石後方的「鵪鶉隱」、利用和服袖子遮蓋臉部的「觀音隱」等,乍看之下雖然沒有隱藏起來,卻頗具效果。

觀音隱

在牆壁或樹木的陰影處,利用和服的袖子遮掩臉部。如觀音佛像般,雙眼半開且一動也不動。

狐隱

潛入水中的隱身術。頭上會頂著蓮花葉,所以從遠方看過來就只是一片葉子浮在水面上罷了。

隱形術的三條準則

※ 其一　　當敵人靠近時便以隱形術躲起來。

※ 其二　　利用樹木或水池等來藏身。

※ 其三　　縮起手腳與脖子,如石頭般蹲伏。

知識度 ★★★★★

太陽、月亮、金錢甚至是獸類！
為了逃脫使盡渾身解數

主題 遁逃術・續篇 ┃ 忍者也會在遁逃術中運用水與火以外的東西。天候、樹木、土、動物與昆蟲等，能用的事物全部都用上了。

日遁

站在背對太陽的位置，當敵人因為陽光刺眼而看不見時再趁隙逃走。

月遁

夜裡，當雲遮蔽月亮而四周變得昏暗，便可趁敵人看不到自己時逃跑。

① 忍者會利用各種東西逃離敵人

遁逃術有很多種類型呢。

　　不光是火遁之術與水遁之術，忍者還用過各式各樣的遁逃術。遁逃術有利用天氣的「天遁十法」、利用植物或土地等的「地遁十法」，還有利用人或動物的「人遁十法」。**忍者會利用現場的所有事物，無論在任何狀況下都能逃離敵人。**

② 依情況分別使用不同的遁逃術

　　天遁十法中除了日遁與月遁之外，還有利用雨的雨遁、運用雷的雷遁等。地遁十法中除了煙遁與金遁外，還包含火遁與水遁。人遁十法除了獸遁之外，還有將蜈蚣、蜘蛛、蛇等丟向對手的蟲遁等。忍者會分別運用這些忍術來逃離敵人。

煙遁

在名為鳥之子的炸彈中添加火藥製成彈丸，丟出去釋放出煙霧，再趁對手驚嚇時逃走。

是錢耶！

金遁

撒錢，趁對手撿錢時溜之大吉。踩到會受傷的「撒菱」也是金遁的一種。

趁馬橫衝直撞時逃跑。

獸遁

利用動物引發騷動後逃跑的伎倆。讓馬暴衝、放出老鼠或貓，再趁敵人手忙腳亂時逃走。

天遁	日遁	月遁	星遁	雲遁	霧遁
	雷遁	電遁	風遁	雨遁	雪遁
地遁	木遁	草遁	火遁	煙遁	土遁
	屋遁	金遁	石遁	水遁	湯遁
人遁	男遁	女遁	老遁	幼遁	貴遁
	賤遁	禽遁	獸遁	蟲遁	魚遁

五遁三十法

忍者的遁術分為天、地、人，合計多達30種。

遁逃術・續篇的三條準則

✳ 其一	忍者會利用所有事物逃離敵人。
✳ 其二	太陽、月亮、雨等天氣，以及樹木或土都利用。
✳ 其三	連動物或人都利用以便逃跑。

日文為「くノ一」的女忍者並不存在！？

關於下次作戰……

終於掌握到情報了。

有500兵馬……

女忍者都穿著普通的和服

　　日文「くノ一（kunoichi）」這個叫法是從「女」字拆解而成，意指女忍者，不過女忍者是否存在仍疑點重重。據說武田信玄的部下中有「雲遊巫女」，目的在於收集敵國的情報。當時的巫女在關境不會遭到阻攔，所以可以自由地遊走各地。此外，還有一種手段是讓女忍者受雇為女僕，住進敵人宅邸裡工作，再讓男忍者躲進雙層底的行李內潛入其中。無論如何，像時代劇中黑色裝扮的女忍者似乎是不存在的。

不光武士與忍者！
還有活在戰國時代的人們

曾有形形色色的人們生活在戰國時代。
因為是靠力量呼風喚雨的時代，所以幾乎都是男性較受矚目，
但此章將聚焦在女性與孩童竭盡全力生存的模樣上。

活在亂世之中的男性職業檔案

戰國時代長期廝殺不斷。在這之中，
也有不少平民過著安居樂業的生活。

我們也會收集木柴。

山伏

隱居在山中修行的人。特徵在於頭上戴著名為頭襟的帽子，手持名為錫杖的柺杖。

鷹匠

以放出老鷹捕捉獵物這種傳統的狩獵為業。不限於老鷹，還會調教隼或鷲。

農民

耕田並出售採收的米或蔬菜來維持生計。也有不少人會參戰。

這是送的，收下吧！

商人

販售糧食或生活雜貨等來維生。也有人不顧安危前往戰地開店。

兵法家

擁有武器相關的專業知識與技能，並以此授課維生的武術高手。

由在下來教導
武士的孩子學習吧。

5

僧侶

透過佛教習得高等學識的僧侶。也有人武裝起來和戰國大名對抗。

6

握住鐵鎚
敲得鏗鏘作響！

我們打造的刀
可是很鋒利的喔。

7

鐵匠

製造武士的武器、護具或是農民的農具，經手鐵製品的專業師傅。

番匠

建造寺院、神社或住屋，即現代所說的木匠。也有人受到戰國大名重用而在都市區生活。

喔，這塊石頭
很不賴呢！

8

石切

裁切石材並加工製成建材或工具等。還負責打造城池的石牆。

9

有些武家女性
在男性中也活躍不已

武家的妻子或女兒會作為「侍女」在城中工作，支撐著大名一家。
此外，也有女性以城主的身分治理領內。

頭顱化妝

清洗敵方頭顱並化妝是
女性的工作。敵人的首
級會在決定恩賞的儀式
中使用。

> 讓我為你的臉
> 美化一番吧。

女城主

家業的繼承人或男性當家去世，而讓女性成
為新城主的案例也不算罕見。

頭髮照護

為正室或側室等大名
的妻子綁頭髮是侍女
的工作。也會協助她
們更衣。

> 買到了看起來
> 很美味的食材呢。

女人步槍隊

女性的力氣不比男性，所以很難舞刀弄槍，
步槍的話比較容易操作。

家事

在城內工作的侍女會包
辦烹飪、打掃、洗衣等
所有家事。

戰國時代的武家孩子
皆勤於學習與武術的修練

男子若生於武家，就必須以武士之姿而活。
為了成為了不起的武士，武家的孩子都會嚴格灌輸武術與學問。

武術

不局限於劍術，還必須廣泛學習射箭術、槍術等武術。

誦讀

透過誦讀來記住中國與日本的古典或是兵法書等。誦讀主要是在寺院裡進行。

我連楷書或草書等行書都會寫喔。

抄寫

若是身分較高的武士之子，寫字是最基本的必修之事。

我是在不拿韁繩的情況下練習。

女孩子也很努力。

也很盛行女子教育

除了書法外，女子還會學習禮儀禮節或茶道這類教養。當中也有人學習武術。

騎馬術

騎馬對地位較高的武士而言是必須的。上級武士的孩子自小便勤練騎馬術。

戰國時代年表

1493 明應 2 年	北條早雲攻入堀越御所，征服了伊豆。揭開戰國時代的序幕。
1534 天文 3 年	織田信長出生於尾張，為織田信秀的三男。
1537 天文 6 年	豐臣秀吉出生於尾張。身分低微，因此本名不明。
1542 天文 11 年	德川家康出生於三河。乳名為竹千代。
1543 天文 12 年	載著葡萄牙人的中國船漂流至種子島，將步槍傳入日本。 日語中的「てつはう（步槍）」和鎌倉時代所使用的武器截然不同。
1549 天文 18 年	西班牙人方濟・沙勿略登上鹿兒島。 把基督教傳入日本，無數日本人成為基督教徒。
1553 天文 22 年	武田信玄與上杉謙信之間的「川中島之戰」開打。 於 11 年間 5 度開戰。
1554 天文 23 年	武田信玄、北條氏康與今川義元成立了「甲相駿三國同盟」。 秀吉成為信長的家臣。
1558 永祿元年	織田信長統一尾張國。 名為「響談」的忍者集團肩負了重要任務。
1560 永祿 3 年	織田信長在「桶狹間之戰」中戰勝今川義元， 戰國時代迎來重大的轉折期。
1568 永祿 11 年	信長上洛（前往京都）， 助足利義昭成為室町幕府的第 15 代將軍。
1569 永祿 12 年	信長允許路易士・佛洛伊斯 在日本廣傳基督教。
1571 元龜 2 年	信長征討並火燒僧兵集團的據點比叡山延曆寺。
1573 天正元年	信長與足利義昭對立，室町幕府滅絕。
1576 天正 4 年	開始建造安土城，此城擁有信長所建、日本最早的天守。

1577 天正5年	為了活絡城下町，信長頒布了樂市令。
1579 天正7年	伊賀流忍者・城戶彌左衛門與其他2名忍者 以步槍射擊信長，以失敗作收。
1581 天正9年	織田信雄包圍伊賀並戰勝伊賀忍者 （第二次天正伊賀之亂）。
1581 天正9年	忍者彌左衛門再次暗殺信長失敗。
1582 天正10年	本能寺之變。信長因為明智光秀的謀反而自殺。
1582 天正10年	秀吉開始推行太閤檢地。
1585 天正13年	大坂城完工。
1587 天正15年	秀吉發布伴天連追放令（驅逐外國傳教士）。
1588 天正16年	秀吉頒布海賊禁止令與刀狩令。 目的在於預防農民叛亂。
1590 天正18年	伊達政宗降服於秀吉。 北條氏政與氏直遭秀吉包圍而投降。 秀吉完成統一天下大業。
1591 天正19年	千利休在秀吉的命令下自殺。 秀吉推行全國戶口調查。
1592 文祿元年	秀吉派兵進入朝鮮半島（文祿之役）。
1594 文祿3年	大盜忍者石川五右衛門及其他11人 遭秀吉的部下前田玄以拘捕，並遭處刑。
1597 慶長2年	秀吉再次侵犯朝鮮半島（慶長之役）。
1600 慶長5年	關原之戰爆發，石田三成率領的西軍與德川家康率領的東軍交戰。 東軍贏得勝利。

参考文獻

《あなたの知らない！リアル戦国読本》「歴史の真相」研究會 著（宝島社）

《面白いほどよくわかる戦国史》鈴木旭 著（日本文芸社）

《学校では教えてくれない戦国史の授業》井沢元彦 著（PHP文庫）

《疑問だらけの戦国史》（新人物往来社）

《図解！戦国時代》「歴史ミステリー」倶樂部 著（三笠書房）

《歴史図解 戦国合戦マニュアル》東郷隆 著／上田信 繪（講談社）

《戦国武将 起死回生の逆転戦術》榎本秋 著（マガジンハウス）

《戦国武将の収支決算書》跡部蛮 著（ビジネス社）

《戦国武将ものしり事典》奈良本辰也 監修（主婦と生活社）

《地政学でよくわかる！信長・秀吉・家康の大戦略》矢部健太郎 監修（COSMIC MOOK）

《地理がわかれば陣形と合戦がわかる 戦国の地政学》乃至政彦 監修（じっぴコンパクト新書）

《早わかり戦国史》外川淳 編著（日本実業出版社）

《武器と防具 日本編》戸田藤成 著（新紀元社）

《武士の家訓》桑田忠親 著（講談社学術文庫）

《戦国の合戦と武将の絵事典》小和田哲男 監修／高橋信幸 著（成美堂出版）

《歴史・時代小説ファン必携【絵解き】雑兵足軽たちの戦い》東郷隆 著／上田信 繪（講談社文庫）

《「もしも？」の図鑑 忍者修行マニュアル》山田雄司 監修（実業之日本社）

《忍者はすごかった 忍術書81の謎を解く》山田雄司 著（幻冬舎新書）

《忍者・忍術 超秘伝図鑑》山田雄司 監修（永岡書店）

《そろそろ本当の忍者の話をしよう》山田雄司 監修／佐藤強志 著（ギャンビット）

《忍者の誕生》吉丸雄哉・山田雄司 編（勉誠出版）

《忍者の歴史》山田雄司 著（角川選書）

《完本 万川集海》中島篤巳 譯註（国書刊行会）

《忍者の兵法 三大秘伝書を読む》中島篤巳 著（角川ソフィア文庫）

《忍者の掟》川上仁一 著（角川新書）

《The NINJA －忍者ってナンジャ!?－ 公式ブック》（角川新書）

《忍者の末裔 江戸城に勤めた伊賀者たち》高尾善希 著（KADOKAWA）

《伊賀・甲賀 忍びの謎》《歴史読本》編輯部 編（KADOKAWA）

《新装版 忍法 その秘伝と実例》奥瀬平七郎 著（新人物往来社）

《別冊歴史読本 伊賀・甲賀 忍びの謎》（新人物往来社）

《忍術 その歴史と忍者》奥瀬平七郎 著（新人物往来社）

《もっと知りたい！忍者》日本忍者研究會 著（三笠書房）

《これマジ？ひみつの超百科⑫ 秘伝解禁！忍者超百科》黒井宏光 監修（ポプラ社）

《忍者図鑑》黒井宏光 著（ブロンズ新社）

《イラスト図解 忍者》川上仁一 監修（日東書院）

《戦国の情報ネットワーク》蒲生猛 著（コモンズ）

《忍者を科学する》中島篤巳 著（洋泉社）

《歴史グラフィティ 忍者》桔梗泉 編（主婦と生活社）

《歴史群像シリーズ71 忍者と忍術 闇に潜んだ異能者の虚と実》（学習研究社）

《忍者の生活》山口正之 著（雄山閣出版）

《図解 忍者》山北篤 著（新紀元社）

《ここまでわかった甲賀忍者》甲賀流忍者調査團 監修／畑中英二 著（サンライズ出版）

《戦国忍者は歴史をどう動かしたのか？》清水昇 著（KKベストセラーズ）

《日本史の内幕》磯田道史 著（中公新書）

《歴史の愉しみ方》磯田道史 著（中公新書）

《イラストでみる 戦国時代の暮らし図鑑》小和田哲男 監修（宝島社）

《幕府御家人 伊賀者の研究》井上直哉 著

《忍者検定読み本 忍びの知識 免許皆伝への道》甲賀忍術研究會 編（甲賀市観光協会）

監修

小和田哲男　負責【戰之卷與武具之卷】

1944年出生於靜岡市。1972年修完早稻田大學研究所文學研究系博士課程。2009年3月自靜岡大學退休。為靜岡大學名譽教授。主要著作有《日本人は歷史から何を學ぶべきか》（三笠書房，1999年）、《惡人がつくった日本の歷史》（中経の文庫，2009年）、《武將に學ぶ第二の人生》（メディアファクトリー新書，2013年）、《名軍師ありて、名將あり》（NHK出版，2013年）、《黑田官兵衛　智謀の戰國軍師》（平凡社新書，2013年）與《明智光秀・秀滿》（ミネルヴァ書房，2019年）等。

山田雄司　負責【忍者之卷】

1967年出生於靜岡縣。畢業於京都大學文學院歷史學系。任職龜岡市史編室後，修完筑波大學研究所歷史・人類學研究系歷史學的博士課程（跨日本文化研究學程）。博士（學術）學位。現為三重大學人文學系教授。國際忍者研究中心（三重縣伊賀市）副中心長。著有《怨靈とは何か》（中公新書）、《忍者の歷史》（角川選書）、《忍者はすごかった　忍術書81の謎を解く》（幻冬舍新書）、《忍者の精神》（角川選書）等。

日文版STAFF

企劃・編輯	細谷健次朗、柏もも子
業務	峯尾良久
編輯協助	野田慎一、野村郁明、龍田昇、上野卓彥
插圖	熊アート
設計	森田千秋（Q.design）
DTP	松田祐加子（プールグラフィックス）
校對	ヴェリタ

一本看懂！
戰國武士與忍者的作戰圖鑑

2020年10月 1 日初版第一刷發行
2022年 7 月15日初版第二刷發行

監　　修	小和田哲男、山田雄司
譯　　者	童小芳
編　　輯	邱千容
美術編輯	黃郁琇
發 行 人	南部裕
發 行 所	台灣東販股份有限公司
	＜地址＞台北市南京東路4段130號2F-1
	＜電話＞(02)2577-8878
	＜傳真＞(02)2577-8896
	＜網址＞http://www.tohan.com.tw
郵撥帳號	1405049-4
法律顧問	蕭雄淋律師
總 經 銷	聯合發行股份有限公司
	＜電話＞(02)2917-8022

國家圖書館出版品預行編目(CIP)資料

一本看懂！戰國武士與忍者的作戰圖鑑 /
小和田哲男、山田雄司監修；童小芳
譯. -- 初版. -- 臺北市：臺灣東販，
2020.10
144面；14.8×21公分

ISBN 978-986-511-468-8(平裝)

1.文化 2.武術 3.戰國時代 4.日本

731.3　　　　　　　　　109012829

CHO RIARU SENGOKU BUSHI TO
NINJA NO TATAKAI ZUKAN
supervised by Tetsuo Owada and Yuji Yamada
Copyright © 2020 G.B. Co., Ltd.
All rights reserved.
Original Japanese edition published by G.B. Co., Ltd.

This Complex Chinese edition is published
by arrangement with G.B. Co., Ltd., Tokyo
c/o Tuttle-Mori Agency, Inc., Tokyo.